ENTRENAMIENTO ESPIRITUAL

POR

JOHN MACARTHUR

ESCANEE ESTE CÓDIGO CON SU SMARTPHONE
U OTRO DISPOSITIVO PARA ESCUCHAR
EL AUDIO DEL SERMÓN.

Entrenamiento espiritual
Título en inglés: *Spiritual Boot Camp* © 2021 por John MacArthur. Publicado por Grace to You. Traducido con permiso.

ISBN: 978-1-955292-10-8

Impreso en los Estados Unidos de América

Valencia, California

CONTENIDO

CÓMO ESTUDIAR LA ESCRITURA

INTRODUCCIÓN

A. La autoridad de la Palabra de Dios

Los cristianos entienden que la Biblia es la revelación de Dios: Su estándar de autoridad para la vida. Otras fuentes de información pueden ayudarnos a lo largo de la vida, pero solo la Biblia tiene autoridad divina. Por lo tanto, debemos ser estudiantes diligentes de la Palabra, leyéndola fielmente para descubrir lo que dice y estudiándola sistemáticamente para aprender lo que significa.

B. La prioridad de la Palabra de Dios

Debido a que somos bendecidos con muchos

libros, sermones y otros recursos bíblicos, es posible estudiar *acerca* de la Biblia mientras que descuidamos la Biblia misma. Por útiles que puedan ser dichos recursos, no son sustitutos de la Palabra de Dios y el sustento espiritual que trae.

LECCIÓN

I. LA NECESIDAD DEL ESTUDIO BÍBLICO

A. Para crecimiento espiritual

1. 1 Pedro 2:2—"Desead, como niños recién nacidos, la leche espiritual no adulterada, para que por ella crezcáis para salvación".

   La analogía de Pedro de un bebé ilustra la importancia de la Palabra de Dios para el crecimiento espiritual. Si un bebé es privado de sustento, finalmente morirá. Si un cristiano no se alimenta de la Palabra, él o ella se debilitará espiritualmente y será de poco uso para el reino de Dios.

   Además, el Nuevo Testamento se refiere a los cristianos como nacidos de nuevo (Jn. 3:7; 1 P. 1:3), hijos de Dios (Ro. 8:16; 1 Jn. 3:1) e hijos adoptados (Ro. 8:14; Ef. 1:5). Esos términos implican que todos los creyentes tienen la capacidad de crecer espiritualmente. Incluso Pedro nos manda a crecer (2 P. 3:18).

2. 1 Corintios 3:1–2—El apóstol Pablo dijo: "De manera que yo, hermanos, no pude hablaros como a espirituales, sino como a carnales, como a niños en Cristo. Os di a beber leche, y no vianda; porque aún no erais capaces, ni sois capaces todavía".

   Pablo entendió la necesidad de alimentar a los creyentes con la Palabra de Dios, y usó las metáforas de leche y carne para describir verdades bíblicas simples y complejas. Eso no significa que algunas partes de la Escritura son leche y otras partes son carne. Toda la Escritura es leche o carne, dependiendo con qué profundidad estudie usted el texto. La verdad simple que "de tal manera amó Dios al mundo" (Jn. 3:16) podría ser una afirmación de "leche" para un creyente nuevo, pero también podría ser "carne" para alguien que ha aprendido las verdades más profundas del amor de Dios como están reveladas en la Escritura.

3. Colosenses 2:6–7—"De la manera que habéis recibido al Señor Jesucristo, andad en él; arraigados y sobreedificados en él, y confirmados en la fe".

   "La fe" en este contexto se refiere al contenido del cristianismo: las doctrinas de la Escritura. Un mayor entendimiento de la Escritura produce mayor firmeza en Cristo.

4. Jeremías 15:16—El profeta Jeremías le dijo al Señor: "Fueron halladas tus palabras, y yo las comí; y tu palabra me fue por gozo y por alegría de mi corazón".

   Jeremías recibió la Palabra de Dios con tal entusiasmo que era como comida de lujo para él. Fue su alimento y sustento espiritual, y le trajo gran gozo.

5. Hechos 20:32—Pablo dijo a los ancianos efesios: "Os encomiendo a Dios, y a la palabra de su gracia, que tiene poder para sobreedificaros y daros herencia con todos los santificados".

   Nuestra utilidad para Cristo está directamente relacionada con nuestra madurez espiritual, la cual está relacionada con nuestro conocimiento de la Palabra de Dios. Esa es la razón por la que el estudio bíblico es tan importante.

B. Para victoria espiritual

La manera de derrotar el pecado es conocer y aplicar la Palabra.

1. Efesios 6:13, 17—"Tomad toda la armadura de Dios, para que podáis resistir en el día malo, y habiendo acabado todo, estar firmes... Y tomad... la espada del Espíritu, que es la palabra de Dios".

La armadura de Dios es nuestra protección contra los ataques de Satanás. Toda parte de la armadura enumerada en Efesios 6:14–17 es un arma defensiva excepto por la espada del Espíritu, nuestra única arma ofensiva.

2. Salmo 119:11—El salmista le dijo al Señor: "En mi corazón he guardado tus dichos, para no pecar contra ti".

   Memorizar y estudiar la Escritura es la mejor manera de fortalecer su resistencia contra la tentación y el pecado.

3. Salmo 119:9—"¿Con qué limpiará el joven su camino? Con guardar tu palabra".

   La piedad resulta de vivir conforme a la Palabra de Dios.

4. 1 Juan 2:14—El apóstol Juan dijo: "Os he escrito a vosotros, jóvenes, porque sois fuertes, y la palabra de Dios permanece en vosotros, y habéis vencido al maligno".

   La fortaleza y la victoria espirituales son el resultado de la Palabra de Dios morando dentro de usted.

C. Para servicio espiritual

Un conocimiento detallado de la Escritura es crucial para cualquier persona que se esté preparando para el servicio espiritual. De otra manera, se podría participar inconscientemente en actividades que quebrantan los principios de Dios.

1. Josué 1:8–9—El Señor le dijo a Josué: "Nunca se apartará de tu boca este libro de la ley, sino que de día y de noche meditarás en él, para que guardes y hagas conforme a todo lo que en él está escrito; porque entonces harás prosperar tu camino, y todo te saldrá bien. Mira que te mando que te esfuerces y seas valiente; no temas ni desmayes, porque Jehová tu Dios estará contigo en dondequiera que vayas".

   El éxito verdadero viene de conocer y aplicar la Palabra de Dios. Como sucesor de Moisés, Josué tenía una tarea tremenda frente a él. Él tenía que guiar a los israelitas a la Tierra Prometida. Dios le aseguró que si meditaba en Su Palabra recibiría la fortaleza, instrucción y consuelo que necesitaba para la tarea.

2. 1 Timoteo 4:6—Pablo le dijo a Timoteo: "Si esto enseñas a los hermanos, serás buen ministro de Jesucristo, nutrido con las palabras de la fe y de la buena doctrina que has seguido".

   La palabra griega traducida "ministro" describe a uno que administra los bienes y propiedad de otro. Un buen ministro es uno que administra la verdad bíblica.

D. Para bendición espiritual

Cuando la Biblia habla del hombre siendo bendecido, eso con mayor frecuencia se refiere a la recepción de algún beneficio temporal o espiritual (*Evangelical Dictionary of Theology*, Walter A. Elwell, ed. [Grand Rapids: Baker, 1984], 162). En una bendición se encuentra implícito el sentido de bienestar y felicidad que viene de saber que Dios está operando a nuestro favor.

La Biblia es una fuente de bendición. Cuanto más estudiamos la Palabra, más felices seremos, independientemente de nuestras circunstancias. Ese es un principio práctico que debe conocer, especialmente si usted es infeliz o está en medio de circunstancias difíciles. El Salmo 1:1–2 dice: "Bienaventurado el varón que no anduvo en consejo de malos, ni estuvo en camino de pecadores, ni en silla de escarnecedores se ha sentado; sino que en la ley de Jehová está su delicia, y en su ley medita de día y de noche".

E. Para consejería espiritual

Cuando las personas están en problemas, la mejor manera de ayudarles es mostrarles la solución de Dios para sus problemas. Después, ayudarles a aplicar esa solución a sus vidas. Eso requiere un conocimiento minucioso de principios bíblicos.

1. 2 Timoteo 2:2—Pablo le dijo a Timoteo: "Lo que has oído de mí ante muchos testigos, esto

encarga a hombres fieles que sean idóneos para enseñar también a otros".

Ese es el proceso de discípulado. Pero antes de que podamos enseñar a otros, debemos aprender los principios.

2. 1 Pedro 3:15—"Santificad a Dios el Señor en vuestros corazones, y estad siempre preparados para presentar defensa con mansedumbre y reverencia ante todo el que os demande razón de la esperanza que hay en vosotros".

Debemos conocer lo que creemos y por qué lo creemos, para que podamos dar una respuesta apropiada a aquellos que preguntan acerca de nuestra fe.

II. EL PROCESO DEL ESTUDIO BÍBLICO

A. La preparación

Pedro dijo que desecháramos "toda malicia, todo engaño, hipocresía, envidias, y todas las detracciones" antes de estudiar la Palabra (1 P. 2:1).

El pecado es el estorbo más grande para el estudio bíblico eficaz. Por lo tanto, nunca debemos acercarnos a la Palabra de Dios hasta que nuestros corazones y mentes hayan sido purificados mediante la oración y la confesión. Santiago 1:21 dice: "Desechando toda inmundicia y abundancia de malicia, recibid con mansedumbre la palabra implantada, la cual puede salvar vuestras almas".

B. El procedimiento

1. Lea la Biblia

Dios promete bendecir a aquellos que leen Su Palabra. Apocalipsis 1:3 dice: "Bienaventurado el que lee, y los que oyen las palabras de esta profecía, y guardan las cosas en ella escritas".

Pablo le dijo a Timoteo: "Entre tanto que voy, ocúpate en la lectura, la exhortación y la enseñanza" (1 Ti. 4:13). Leer la Escritura es una prioridad que necesitamos mantener todos los días.

Solía tener dificultad con leer la Biblia porque olvidaba fácilmente lo que había leído. Pronto me di cuenta de que leer la Escritura de manera repetitiva era la mejor manera en la que yo podía recordarla.

a. Libros cortos del Nuevo Testamento

Comience con un libro corto como 1 Juan y léalo una vez al día por treinta días en una traducción de la Biblia que usted conozca (recomiendo la Reina-Valera 1960 y la Nueva Biblia de las Américas). Después de treinta días, usted conocerá el contenido de 1 Juan tan bien que podrá visualizar la ubicación de pasajes diferentes en sus páginas respectivas. Formar imágenes mentales es parte del proceso de aprendizaje.

La lectura repetitiva no siempre le dirá el significado de la Escritura, pero es una gran manera de aprender lo que dice y ese es el primer paso de la interpretación. Además, conforme continúa leyendo el mismo libro una y otra vez, su capacidad de observar los eventos, las personas y los principios es incrementada.

b. Libros largos del Nuevo Testamento

Los libros más largos deben ser divididos en segmentos para la lectura repetitiva. Por ejemplo, el Evangelio de Juan contiene veintiún capítulos. Usted puede leer los capítulos 1–7 por treinta días, después los capítulos 8–14, después los capítulos 15–21. En noventa días, usted habrá leído el Evangelio de Juan treinta veces. ¡En dos años y medio usted puede leer el Nuevo Testamento entero treinta veces!

c. Libros del Antiguo Testamento

Ese método no es tan práctico para el Antiguo Testamento. Sugiero leerlo todo, después regresar y comenzar otra vez como una práctica de por vida. La mayor parte del Antiguo Testamento es narrativa histórica, lo cual se presta para ese método.

Hay muchos beneficios al leer la Biblia sistemáticamente. Uno de ellos es que, conforme usted progresa en su lectura bíblica, aumentará su capacidad de encontrar referencias cruzadas. Un tema, principio o palabra en un pasaje activará su memoria de otro pasaje que habla de lo mismo. Eso le dará un entendimiento más detallado de la enseñanza bíblica de cualquier tema dado y lo hará menos dependiente de concordancias y otras herramientas de referencia.

Cuando quiero explicar un pasaje de la Escritura, normalmente voy a otros pasajes que aclaran el pasaje. Ese es el punto de partida para la interpretación, porque la Escritura es el mejor intérprete de la Escritura. Nunca se contradice a sí misma y con frecuencia repite el mismo principio en circunstancias diferentes. Si usted lee la Escritura de manera repetitiva, escucha enseñanza bíblica en la iglesia y asiste a estudios bíblicos, tendrá una buena idea de cómo interpretar la Biblia.

2. Estudie la Biblia

   a. Estudios temáticos

   Los estudios temáticos nos ayudan a aprender lo que la Biblia enseña acerca de algún tema específico al rastrearlo a lo largo de la Escritura. Por ejemplo, las oraciones de la Biblia son un gran estudio temático. Usted podría comenzar en Génesis e identificar cada pasaje en el que alguien ora. Observe quién ora, qué dice y cómo es respondida la oración. Usted podría limitar su estudio a las oraciones de Pablo. Asegúrese de aplicar lo que aprende a sus propias oraciones.

Usted puede usar un índice temático para encontrar cada pasaje en el que el perdón o algún otro tema bíblico es presentado. Después de leer cada referencia, usted tendrá una buena idea de lo que la Biblia dice acerca de ese tema.

b. Estudios biográficos

Los estudios biográficos nos ayudan a aprender lo que la Biblia enseña acerca de varias personas al rastrear sus vidas a lo largo de la Escritura.

Usted podría estudiar las vidas de hombres del Antiguo Testamento como Elías, David y José, o de hombres del Nuevo Testamento tales como Pedro, Pablo y Andrés. Podemos aprender mucho del estilo de vida de cada persona, rasgos de su vida y su relación con Dios.

c. Herramientas de estudio

Hemos señalado que las herramientas de estudio tales como libros y sermones grabados nunca deben reemplazar nuestro tiempo en la Palabra de Dios, pero tienen una función importante. Usted debe encontrar buenos recursos para ayudarle en sus estudios. Concéntrese en libros de referencia que usará una y otra vez. Los libros cristianos populares acerca del testimonio o experiencia de alguien pueden ser útiles y alentadores, pero el estudio bíblico requiere obras de referencia.

1) Concordancias

Una concordancia da una lista alfabética de palabras bíblicas y sus referencias. Una concordancia exhaustiva también incluye otra información útil tal como diccionarios en hebreo y griego. Un ejemplo de una buena concordancia es la *Nueva concordancia exhaustiva* de Strong.

2) Índices temáticos

Los índices temáticos enlistan los principales temas bíblicos de manera alfabética junto con las referencias primordiales para cada tema. El *Índice temático de la Biblia* de Nave es un ejemplo de un índice temático.

3) Comentarios

Los comentarios explican el significado de la Escritura. El *Comentario bíblico Moody* en dos volúmenes es un buen lugar para que los nuevos cristianos comiencen porque da una explicación breve de todo pasaje de la Escritura. Para aquellos que desean un estudio más profundo de la Escritura, también tenemos la serie del *Comentario MacArthur del Nuevo Testamento*.

3. Enseñe la Biblia

   Enseñar a otros lo que ha aprendido de la Escritura es tan importante como el estudio bíblico mismo. Es nuestra responsabilidad hacerlo (2 Ti. 2:2), es una gran fuente de motivación y rendición de cuentas. Incluso si usted está recién convertido, otros pueden beneficiarse de lo que ha aprendido. El Señor podría traer a un incrédulo a su vida con quien usted podría compartir el evangelio o a un creyente que conozca más las Escrituras que usted, pero que podría beneficiarse de lo que usted aprendió recientemente. Sea fiel en aprovechar toda oportunidad.

4. Siga un ejemplo piadoso

   Seguir un ejemplo piadoso es un elemento importante para aplicar principios bíblicos a su vida. Puede ser su pastor u otro hermano o hermana cristiana, pero debe ser alguien al que pueda rendirle cuentas.

5. Escuche enseñanza de la Biblia

   Escuchar buena enseñanza bíblica en la iglesia y en grupos de estudio bíblico es un suplemento necesario del estudio bíblico personal, pero nunca debe ser un sustituto de este. Necesitamos el estudio bíblico tanto en público como en privado.

¿ESTÁ USTED FIRMEMENTE PLANTADO EN UNA IGLESIA LOCAL?

He visto a muchos recién convertidos que nunca se establecen en una congregación local. Más bien, pasan de iglesia en iglesia, asistiendo donde encuentran la música más atractiva o el predicador más interesante y entretenido. Algunos cristianos cambian así de congregaciones durante años, sin nunca echar raíces ni estar bajo el liderazgo y rendición de cuentas de una iglesia local y sus ancianos. Tal inconsistencia es una manera segura de morirse de hambre espiritualmente y sofocar su santificación.

Y usted, ¿está cambiando de congregación o está firmemente plantado en una iglesia local?

PREGUNTAS Y RESPUESTAS

1. ¿En qué orden debemos leer los libros de la Biblia?

No recomiendo ningún orden en particular, fuera de que quizás alterne entre un libro corto y uno largo. Por ejemplo, después de leer 1 Juan y el Evangelio de Juan, lea Filipenses, Romanos, 1 Timoteo, Marcos y Colosenses. Con frecuencia, el Espíritu Santo lo llevará a un libro que satisface una necesidad específica en su vida.

2. ¿Qué quiso decir cuando dijo que un bebé espiritual se debilitaría si no fuera alimentado?

Estaba hablando en un sentido metafórico. Los cristianos que no se alimentan de la Palabra de Dios perderán su utilidad, gozo y bendición. No perderán su salvación, pero pueden pasar hambre y debilitar su crecimiento espiritual.

3. Si un cristiano profesante no muestra hambre por la Palabra, ¿cuál es su condición espiritual y qué se puede hacer por él?

En Juan 8:31 Jesús dice: "Si vosotros permaneciereis en mi palabra, seréis verdaderamente mis discípulos". Un discípulo verdadero es uno que continúa en la Palabra de Dios. Eso presupone un deseo por la Palabra. Si no tiene ese deseo, es posible que la persona no sea realmente cristiana. Esa persona necesita someterse a la evaluación personal que prescribe 2 Corintios 13:5.

Sin embargo, algunos cristianos están en iglesias

en donde la Biblia no es enseñada o donde no son alentados a estudiar la Palabra, entonces su deseo podría ser mínimo. Otros son cristianos por muchos años antes de que se comprometan con el estudio serio. Y hay otros que simplemente tienen una tenacidad por el aprendizaje. Pero todos los creyentes verdaderos demostrarán algún deseo por conocer y obedecer la Palabra de Dios.

Podemos alentar a aquellos cuyo deseo está disminuyendo al señalar los beneficios y bendiciones del estudio bíblico, y al hacer que rindan cuentas.

4. ¿Podría explicar más la importancia de encontrar a una persona piadosa a quien imitar?

Pablo le dijo a Timoteo: "Sé ejemplo de los creyentes en palabra, conducta, amor, espíritu, fe y pureza" (1 Ti. 4:12). El ejemplo de un líder tendrá un impacto profundo en aquellos a los que guía porque la gente tiende a imitar a otros. Esa es la razón por la que los líderes espirituales deben ser irreprensibles (3:2).

Aunque Cristo es el ejemplo definitivo, Pablo exhortó a los creyentes a seguir su propio ejemplo conforme él siguió el de Cristo (1 Co. 4:16; 11:1; Fil. 3:17; 2 Ts. 3:9). Necesitamos personas piadosas que tracen un ejemplo que podamos imitar.

5. Debido a que todos tenemos pecado en nuestras vidas, ¿no hay un peligro en apoyarse demasiado en ejemplos humanos?

Luchar con el pecado no lo excluye automáticamente de ser un ejemplo piadoso, depende de cómo la persona enfrenta el pecado. Pablo dijo: "Cristo Jesús vino al mundo para salvar a los pecadores, de los cuales yo soy el primero" (1 Ti. 1:15). Pablo estaba consciente de sus fracasos, pero eso no lo desalentó de buscar la piedad y servir como un ejemplo a otros. Usted debe seguir a otros solo en la medida en que ellos siguen a Cristo. Siga a una persona transparente a través de la cual usted ve a Cristo. Si usted deja de ver a Cristo a través de esa persona, debe dejar de seguir su ejemplo. A Diótrefes, probablemente un líder en la iglesia primitiva, le gustaba "tener el primer lugar" (3 Jn. 9). Pero la Escritura le atribuye la preeminencia únicamente a Cristo. Por lo tanto, sabemos que Diótrefes usurpó el lugar de Cristo y se descalificó a sí mismo de ser digno de ser imitado.

6. ¿Cómo establecemos un hábito piadoso como lo es el estudio bíblico diario?

Los hábitos son desarrollados mediante la conducta repetida. La clave es comenzar una rutina de lectura bíblica diaria —de preferencia cuando usted es joven— y pronto, se desarrollará hasta volverse un hábito.

Los buenos hábitos practicados por las razones correctas son una parte importante de la vida. Jesús mismo tenía el hábito de retirarse al Monte de los Olivos para orar (Lc. 22:39).

7. Si un individuo está involucrado en un ministerio que requiere estudio bíblico diario, ¿todavía es necesario tener un tiempo de lectura bíblica adicional a ese estudio?

No necesariamente. Todo tiempo invertido en la Palabra de Dios es provechoso. Por ejemplo, si estudio de las 9 a.m. hasta las 5 p.m., no me siento culpable porque no tuve mi "devocional". El devocional o la lectura bíblica diaria es una manera de desarrollar consistencia en la Palabra de Dios, pero el estudio bíblico más intenso es ideal.

8. ¿Acaso la gente que asiste o enseña en un estudio bíblico semanal, debe aumentar su estudio con lectura bíblica sistemática?

Sí. El tiempo diario en la Palabra es esencial y usted debe proteger ese tiempo con cuidado.

9. Por favor, describa el proceso que sigue para estudiar un pasaje de la Escritura.

Paso uno: lea el texto. Lo leo repetidamente en varias versiones en español y en el texto griego. No memorizo el pasaje intencionalmente, pero lo leo con tanta frecuencia que satura mi mente.

Paso dos: identifique conceptos clave. Cuanto más leo el pasaje, más claros se vuelven sus conceptos. Escribo todo lo que descubro del pasaje. Mi objetivo es aprender lo más que pueda del mismo pasaje antes de consultar fuentes externas.

Paso tres: formule un bosquejo inicial a partir de los conceptos clave.

Paso cuatro: estudie el pasaje versículo a versículo. Leo tantas fuentes de información acerca del pasaje como pueda encontrar —quizás diez o doce comentarios— además de estudios biográficos y otros recursos técnicos.

Paso cinco: formule un bosquejo final a partir de toda la información que ha estudiado.

10. ¿Qué hace cuando no tiene ganas de leer la Biblia?

Reconozca que cuando no la quiere leer es cuando más la necesita. El estudio bíblico demanda disciplina y esta debe ser cultivada mediante el esfuerzo diligente. Incluso lo que es más importante, el estudio bíblico es cuestión de obediencia (1 P. 2:1–2). Mantener esa perspectiva le ayudará a no descuidar la Palabra.

Entiendo la dificultad de mantener continuidad en la Palabra. Las vacaciones son los tiempos más difíciles para mí porque rompen mi patrón de estudio. A veces, se me pasan dos o tres días a la vez y eso tiene un efecto notorio en mí. En nuestra debilidad humana, todos luchamos con eso.

11. ¿Cómo dirige a un cristiano nuevo al escoger una iglesia?

La mejor manera es enseñarle a la persona lo que la Biblia dice que debemos buscar en una iglesia. Tenemos algunos recursos útiles: la serie de audio *La anatomía de la iglesia* y *La iglesia impulsada por la Biblia*, un folleto llamado *Tu iglesia local y por qué es importante*, y mi libro *El plan del Señor para la iglesia*.

Una vez que los creyentes saben cómo evaluar una iglesia, pueden identificar las mejores iglesias en su área geográfica y entonces seguir la guía del Espíritu Santo al escoger a cuál asistir.

12. ¿Existe un peligro al depender demasiado de comentarios y otras ayudas de estudio?

Sí, pero el peligro más común es no usarlas. Muchas personas meditan en la Escritura sin interpretarla apropiadamente. Como consecuencia de esto, se arriesgan a meditar en el error. La Escritura solo tiene un significado y la interpretación precisa busca determinar ese significado. El punto no es lo que la Biblia significa para ti o para mí, sino lo que significa y punto.

Debemos leer la Escritura para determinar lo que dice, estudiar la Escritura para determinar lo que significa y *después*, meditar en ella para determinar cómo aplicarla a nuestras vidas. Los comentarios y otros recursos nos ayudan a descubrir el significado de la Escritura para que podamos meditar en la verdad en lugar del error, pero eso nunca debe reemplazar la meditación en la Escritura misma. "Todo lo que es verdadero, todo lo honesto, todo lo justo, todo lo puro, todo lo amable, todo lo que es de buen nombre; si hay virtud alguna, si algo digno de alabanza, en esto pensad" (Fil. 4:8).

ENFOCÁNDOSE EN LOS HECHOS

1. ¿Por qué es necesario el estudio bíblico? Dé cinco razones.

2. ¿Qué analogía usó Pedro para la Escritura en 1 Pedro 2:2?

3. Toda la Escritura es ________ o ________, dependiendo de lo profundo que usted estudie el texto.

4. ¿A qué se refiere "la fe" en Colosenses 2:7?

5. ¿Cuál es la única arma ofensiva mencionada en la lista de la armadura espiritual del cristiano (Ef. 6:17)?

6. ¿Cuál es el mandato y la promesa de Dios para Josué en Josué 1:8–9?

7. Un buen ministro es uno que ________ la verdad bíblica.

8. ¿Qué dice el Salmo 1:1–2 acerca del hombre piadoso?

9. ¿Cómo debemos prepararnos para el estudio bíblico, según 1 Pedro 2:1–2 y Santiago 1:21?

10. Mencione dos beneficios de leer la Escritura de manera repetitiva.

11. ¿Para qué se usa una concordancia? ¿Un índice temático? ¿Un comentario?

PONDERANDO LOS PRINCIPIOS

1. Muchos cristianos sufren derrota espiritual debido a que su conocimiento de principios bíblicos no es lo que debería ser. ¿Es eso verdad en usted? Lea Mateo 4:1–11. ¿Qué tentaciones específicas le presentó Satanás a Jesús (vv. 3, 6, 9)? ¿Cómo las enfrentó Jesús (vv. 4, 7, 10)? ¿Cuál fue el resultado (v. 11)? ¿Tiene un plan de estudio bíblico que le va a equipar para ser victorioso en tiempos de tentación? Si no es así, ¿está dispuesto a desarrollar uno hoy?

2. Hemos visto que un elemento importante en el estudio bíblico es someterse a la enseñanza desde el púlpito y en los estudios de grupos pequeños. Tristemente, muchos cristianos no han cultivado esa disciplina y han abandonado la idea de pertenecer a una iglesia local. Tal negligencia siempre tiene un efecto devastador en las vidas individuales, aislándolas de rendir cuentas a la iglesia y de la nutrición de la Palabra de Dios. ¿Son correctas sus prioridades? No caiga en la tentación de escoger el entretenimiento superficial en lugar de la instrucción fiel y bíblica.

CÓMO ORAR

INTRODUCCIÓN

A. La naturaleza de la oración

1. Es como respirar

Orar es para la vida espiritual lo que respirar es para la vida física. Al nacer, entramos en una atmósfera que inmediatamente ejerce presión sobre nuestros pulmones. Eso nos obliga a inhalar y comenzar a respirar.

De manera semejante, cuando usted nace en la familia de Dios, usted entra en una atmósfera espiritual en la que la presencia de Dios y Su gracia ejercen presión o influencia en su vida. La oración es la respuesta normal a esa presión.

2. Es hablar con Dios

La comunicación es una parte innegable de la vida. Esa es la razón por la que la mayoría de los padres esperan con mucho entusiasmo la primera palabra de un niño y después, pasan horas incontables enseñándole a ese niño a comunicarse. Lo mismo ocurre con los cristianos que desean responder a la presencia y a la gracia de Dios al comunicarse con Él. Y Él se deleita en sus oraciones (Pr. 15:8).

El nivel de la comunicación de algunas personas con Dios es de poemas cortos tales como: "Ahora me acuesto para dormir". Otros usan palabras elocuentes, verdades teológicas profundas y mucha "palabrería". Ninguno de esos extremos está mal cuando es ofrecido con un corazón puro, pero la esencia de la oración es hablar con Dios como usted le hablaría a un amigo amado —sin pretensiones ni falta de seriedad—.

La Escritura es la comunicación de Dios para nosotros. La oración es nuestra comunicación con Él. Aparte de la Palabra, la oración es una conversación unilateral. Esa es la razón por la que es importante estudiar las Escrituras.

Usted puede orar a cualquier persona de la Trinidad —Padre, Hijo o Espíritu Santo—. Usted incluso puede dirigir su oración a los tres, si así lo desea. Eso es perfectamente aceptable.

B. El abuso de la oración

Los cristianos con frecuencia abusamos de la oración en varias maneras.

1. Pidiendo lo que no necesitamos

   Algunas veces, le pedimos a Dios cosas que no necesitamos o no debemos tener (cp. Stg. 4:3). Afortunadamente, Él no siempre nos da lo que pedimos.

2. Pidiendo lo que ya tenemos

   Algunas veces, le pedimos a Dios paz, pero ya tenemos la paz "que sobrepasa todo entendimiento" (Fil. 4:7). O pedimos gracia, pero ya tenemos gracia que es suficiente para toda situación (2 Co. 12:9). U oramos por amor, pero el amor de Dios ya "ha sido derramado en nuestros corazones por el Espíritu Santo" (Ro. 5:5).

   Santiago dice que debemos pedir sabiduría (Stg. 1:5). Eso nos ayudará a saber lo que ya es nuestro en Cristo y cómo apropiarnos de eso.

3. Pidiendo con vanas repeticiones

   Jesús dijo: "Y orando, no uséis vanas repeticiones, como los gentiles, que piensan que por su palabrería serán oídos. No os hagáis, pues, semejantes a ellos; porque vuestro Padre sabe de qué cosas tenéis nacesidad, antes que vosotros le pidáis" (Mt. 6:7–8).

Jesús no estaba prohibiendò toda oración repetitiva. Él estaba exhibiendo el error de la repetición sin significado y el malentendido de que la repetición en sí era la clave para la oración eficaz. Dios responde a las oraciones justas, no a las oraciones sin significado (Stg. 5:16).

C. El modo de la oración

No hay un modo o tipo específico correcto de oración. De hecho, Pablo dijo que debemos estar "orando en todo tiempo con toda oración y súplica en el Espíritu" (Ef. 6:18). Eso incluye cualquier tipo de oración, de cualquier tema y en cualquier momento del día o de la noche.

D. La postura para la oración

No hay una postura correcta para la oración. Crecí en una iglesia más bien provinciana en donde se nos enseñó a doblar nuestras manos, cerrar nuestros ojos e inclinar nuestras cabezas cuando oramos. Esas son cosas útiles que se pueden hacer (especialmente para niños) para evitar que se distraigan mientras están orando. Pero no son mandadas en la Escritura.

En mis días de seminario, canté en un cuarteto que viajaba por todo el país cantando y predicando en varias iglesias. La primera vez que viajé con ellos, teníamos una reunión de oración en el auto y el chofer oraba con nosotros con sus ojos abiertos. Obviamente eso era necesario, pero me preguntaba si el Señor realmente oía sus oraciones. Desde entonces, he aprendido que orar con los ojos abiertos no solo es aceptable, sino que es como Jesús oró en ocasiones (Jn. 17:1).

Otras posturas aceptables para la oración incluyen levantar las manos (Neh. 8:6), estar de pie (Mr. 11:25), estar de rodillas (Hch. 20:36), postrarse (Neh. 8:6) y acostarse (Mt. 26:39). Lo que importa no es la postura de su cuerpo, sino la condición de su corazón.

E. Los efectos de la oración

La Palabra de Dios nos dice: "La oración eficaz del justo puede mucho" (Stg. 5:16). Eso no significa que podemos usar o administrar poder divino. Más bien, significa que los planes soberanos de Dios incluyen las oraciones de Su pueblo, particularmente en referencia a interceder unos por otros.

La oración también alinea nuestros corazones y voluntad con la de Dios. En Efesios 6:18, se nos instruye a orar "en el Espíritu". Eso significa que oramos conforme a la voluntad del Espíritu y conforme a Su impulso en nuestros corazones. Es lo mismo que orar en la voluntad de Dios (1 Jn. 5:14). Cuando oramos así, estamos alineando nuestra voluntad con la de Él.

La oración puede hacer lo que ningún sermón puede hacer. Veo la diferencia en mi propio ministerio cuando soy fiel en orar y cuando otros oran por mí. Todo creyente puede ver los efectos de la oración en su vida.

LECCIÓN

La oración eficaz requiere entender su necesidad, condiciones, contenido y estorbos.

I. LA NECESIDAD DE LA ORACIÓN

A. Es mandada

1. Debemos ser vigilantes

Nuestra capacidad de resistir la tentación está directamente relacionada con nuestras oraciones.

Jesús instruyó a Sus discípulos a "orar siempre, y no desmayar" (Lc. 18:1). La palabra griega traducida "desmayar" significa "ceder a la maldad, cansarse… acobardarse… La valentía real requiere que dejemos el problema con Dios" (Fritz Rienecker y Cleon Rogers, *A Linguistic Key to the Greek New Testament* [Grand Rapids: Zondervan, 1980], 194).

Jesús le dijo a Pedro: "Velad y orad, para que no entréis en tentación; el espíritu a la verdad está dispuesto, pero la carne es débil" (Mt. 26:41). Pedro no oró y poco después, cedió a la tentación escogiendo protegerse a sí mismo al negar a su Señor.

2. Debemos ser fieles

    a. Una explicación

    Pablo nos instruyó a estar "orando en todo tiempo" (Ef. 6:18) y a "orad sin cesar" (1 Ts. 5:17). Como niño solía preguntarme cómo alguien podía orar sin cesar. Me imaginaba a cristianos caminando con las manos dobladas, las cabezas inclinadas y los ojos cerrados, ¡chocando con todo! Eso sería como los fariseos "heridos y ensangrentados" de los días de Jesús, quienes según el Talmud creían que era pecado mirar a una mujer y cerraban los ojos cuando se cruzaban con una en público (*Sotah 22b*). Su legalismo no hacía nada para proteger sus corazones de la tentación y el pecado. De hecho, los dejaba expuestos a otros peligros, como paredes y otros obstáculos.

"Orando en todo tiempo" simplemente significa una consciencia continua de Dios: ver toda experiencia en la vida con relación a Él. Por ejemplo, usted podría ver un hermoso amanecer, abrazar a un niño pequeño o recibir una llamada telefónica de un amigo cercano, y reaccionar expresando gratitud al Señor. Usted reconoce que todas las cosas buenas vienen de Él (Stg. 1:17). Cuando usted enfrenta un problema o es testigo de un accidente, usted pide al Señor que le ayude en esa situación. Usted ve a Dios como un participante íntimo en todo aspecto de la vida.

b. Una ilustración

Imagínese que pasa un día de trabajo entero con su mejor amigo a su lado. Usted probablemente reconoce su presencia al presentárselo a sus amigos o compañeros de trabajo y al hablarle acerca de las diferentes actividades del día.

Pero imagínese cómo se sentiría su amigo si usted nunca hablara con él o reconociera su presencia. Así es como tratamos al Señor cuando no oramos. Si nos comunicáramos con nuestros amigos con poca frecuencia, como algunos de nosotros nos comunicamos con el Señor, nuestros amigos podrían desaparecer.

B. Glorifica a Dios

Dios es glorificado a través de la oración contestada porque le trae alabanza. Jesús dijo: "Y todo lo que pidiereis al Padre en mi nombre, lo haré, para que el Padre sea glorificado en el Hijo" (Jn. 14:13).

C. Trae bendición

Cuando la Escritura habla de una persona siendo bendecida, siempre es con relación a la recepción de algún beneficio espiritual o material. La bendición de Dios produce un sentido de gozo al saber que Dios está operando a nuestro favor.

La oración puede hacernos felices porque nos da el privilegio enorme de hablarle a Dios y después, ver Su poder, amor, sabiduría y misericordia demostrados cuando Él responde a nuestras oraciones.

D. Trae resultados

1. La certeza de sus resultados

   a. Santiago 5:16—"La oración eficaz del justo puede mucho". Él no siempre dice sí a nuestras oraciones, pero Él siempre responde a la oración.

   b. 1 Juan 5:14–15—"Y esta es la confianza que tenemos en él, que si pedimos alguna cosa conforme a su voluntad, él nos oye. Y si sabemos que él nos oye en cualquiera cosa que pidamos, sabemos que tenemos las peticiones que le hayamos hecho".

2. El tiempo de sus resultados

   a. Algunas veces son inmediatos

   Agunas veces, nos asombra la rapidez con que Dios responde a nuestras oraciones.

Isaías 65:24 dice de aquellos que estarán en el reino milenial futuro: "Y antes que clamen, responderé yo; mientras aún hablan, yo habré oído". Una de las oraciones de Daniel fue contestada, ¡incluso antes de que él hubiera terminado de orar! (Dn. 9:21–23). De manera semejante, Dios puede escoger responder a nuestras oraciones inmediatamente.

b. Algunas veces son pospuestos

Algunas veces, debemos esperar una respuesta a una oración porque el tiempo de Dios es diferente al nuestro. Jesús dijo: "¿Y acaso Dios no hará justicia a sus escogidos, que claman a él día y noche? ¿Se tardará en responderles? Os digo que pronto les hará justicia" (Lc. 18:7–8). Los creyentes quizás tengan que soportar el sufrimiento, pero Dios responderá sus oraciones.

3. La naturaleza de sus resultados

a. Algunas veces, son diferentes de lo que pedimos

Pablo dijo: "Y para que... no me exaltase desmedidamente, me fue dado un aguijón en mi carne, un mensajero de Satanás que me abofetee... respecto a lo cual tres veces he rogado al Señor, que lo quite de mí. Y me ha dicho: Bástate mi gracia; porque mi poder se perfecciona en la debilidad" (2 Co. 12:7–9).

Esa no fue la respuesta que Pablo quería, pero él estaba satisfecho con ella porque confiaba en el juicio de Dios y estaba comprometido con obedecer Su voluntad (cp. v. 10). Esta también debe ser nuestra actitud.

b. Algunas veces, son más grandes de lo que pedimos

1) Jeremías 33:3—El Señor dijo: "Clama a mí, y yo te responderé, y te enseñaré cosas grandes y ocultas que tú no conoces".

2) Efesios 3:20—"Y a Aquel que es poderoso para hacer todas las cosas mucho más abundantemente de lo que pedimos o entendemos, según el poder que actúa en nosotros".

II. LAS CONDICIONES DE LA ORACIÓN

A. Orando en el nombre de Jesús

Jesús dijo: "Y todo lo que pidiereis al Padre en mi nombre, lo haré, para que el Padre sea glorificado en el Hijo. Si algo pidiereis en mi nombre, yo lo haré" (Jn. 14:13–14).

1. Explicado

a. Lo que no significa

Algunos cristianos piensan de manera equivocada que orar en el nombre de Jesús es simplemente añadir la fórmula: "En el nombre de Jesús, amén", al final de una oración. Algunos incluso creen que Dios no oirá oraciones que no terminan de esa manera. Un hombre dijo que dichas oraciones son como enviar cartas a Dios sin estampillas. Pero las oraciones registradas en el Nuevo Tesamento no apoyan esa postura (cp. Mt. 6:9–13).

b. Lo que significa

El nombre de Jesús habla de todo lo que Él es. Por lo tanto, orar en el nombre de Jesús es orar "conforme a su voluntad e instrucción, para que la [gran] comisión sea cumplida... Esta es la razón por la que [nuestras] oraciones son oídas" (Hans Bietenhard, "Name," 31 en *The New International Dictionary of New Testament Theology*, editado por Colin Brown, vol. 2 [Grand Rapids: Zondervan], 654).

2. Ilustrado

Pedro le dijo a un hombre cojo: "En el nombre de Jesucristo de Nazaret, levántate y anda" (Hch. 3:6). Él no usó el nombre de Cristo como una fórmula mágica por la cual el hombre sería sanado. Más bien, el hombre fue sanado en virtud de quién Cristo es.

3. Aplicado

Trate de orar de esta manera: "Padre, sé que todo lo que te he pedido es exactamente lo que Jesús querría". Eso no solo purgará motivos y peticiones egoístas, sino que también servirá como un recordatorio de lo que significa orar en el nombre de Jesús.

¿ORA USTED DE MANERA EGOÍSTA?

Una noche un niño pequeño se sentó junto a su cama y oró: "Dios, bendice a Mami y Papi". Y después, con voz fuerte dijo: "Y Dios, ¡me gustaría tener una bicicleta nueva!". Algo sorprendido, su papá le dijo: "Juanito, ¡Dios no está sordo!". Juanito respondió: "Lo sé. Pero la abuelita está en el cuarto de al lado y no oye muy bien".

Como Juanito, algunas veces nuestros motivos en la oración no son lo que deberían ser. Santiago 4:3 dice: "Pedís, y no recibís, porque pedís mal, para gastar en vuestros deleites". Los motivos equivocados pueden llevar a oraciones que reciben una respuesta negativa de Dios. Pero Él siempre oye y responde las oraciones que son consistentes con Su voluntad y son ofrecidas con corazones puros.

Cuando usted ora, ¿tiene usted Su voluntad y Su gloria en mente? ¿Jesús aprobaría las cosas que usted pide? Eso es lo que significa orar de manera no egoísta en Su nombre.

B. Orando en fe

Dios quiere que creamos en Él y confiemos en Él para responder a nuestras oraciones. Después de maldecir una higuera, Jesús dijo a Sus discípulos: "De cierto os digo, que si tuviereis fe, y no dudareis, no sólo haréis esto de la higuera, sino que si a este monte dijereis: Quítate y échate en el mar, será hecho. Y todo lo que pidieries en oración, creyendo, lo recibiréis" (Mt. 21:21–22).

C. Orando en la voluntad de Dios

Primera de Juan 5:14–15 dice: "Y esta es la confianza que tenemos en él, que si pedimos alguna cosa conforme a su voluntad, él nos oye. Y si sabemos que él nos oye en cualquiera cosa que pidamos, sabemos que tenemos las peticiones que le hayamos hecho". Dios no responde de manera caprichosa a todo lo que pedimos. Debemos aprender acerca de Su voluntad a partir de Su Palabra y orar consistentemente con lo que Él quiere cumplir.

D. Orando con un corazón puro

Santiago dijo: "La oración eficaz del *justo* puede mucho" (Stg. 5:16, énfasis añadido). El pecado no confesado en su vida estorba sus oraciones (cp. Sal. 66:18).

E. Orando sin cesar

Dios quiere que nuestras oraciones reflejen nuestra dependencia de Él. Jesús dijo a Sus discípulos:

"¿Quién de vosotros que tenga un amigo, va a él a medianoche y le dice: Amigo, préstame tres panes, porque un amigo mío ha venido a mí de viaje, y no tengo qué ponerle delante; y aquel, respondiendo desde adentro, le dice: No me molestes; la puerta ya está cerrada, y mis niños están conmigo en cama; no puedo levantarme, y dártelos? Os digo, que aunque no se levante a dárselos por ser su amigo, sin embargo por su importunidad se levantará y le dará todo lo que necesite. Y yo os digo: Pedid, y se os dará; buscad, y hallaréis; llamad, y se os abrirá. Porque todo aquel que pide, recibe; y el que busca, halla; y al que llama, se le abrirá" (Lc. 11:5–10).

Eso no apoya la repetición interminable o sin significado en nuestras oraciones. Es una analogía para buscar la voluntad de Dios con intensidad y deseo.

III. EL CONTENIDO DE LA ORACIÓN

Efesios 6:18 dice: "Orando en todo tiempo con toda oración y súplica en el Espíritu". "Toda oración" habla de diferentes tipos de oración: de pie, sentado, clamando, susurrando, intercediendo (orando por otros), suplicando (pidiendo cosas) en privado o en público.

La Biblia nos dice que debemos orar por nosotros mismos (cp. Fil. 4:6–7) y por otros (cp. Mt. 9:37–38; 1 Ti. 2:1–4, 8). Con respecto a otros, la Biblia nos proporciona peticiones específicas para orar, tales como pedirle al Señor que mande obreros a Su mies (misioneros, maestros y predicadores; Lc. 10:2) y orar por aquellos que están en autoridad (líderes políticos y el personal que hace cumplir las leyes; 1 Ti. 2:1–2). ¿Ora usted por esas personas?

IV. LOS ESTORBOS DE LA ORACIÓN

Hablando en términos generales, el pecado es el estorbo primordial para la oración: "Si en mi corazón hubiese yo mirado a la iniquidad, el Señor no me habría escuchado" (Sal. 66:18). El pecado puede adoptar muchas formas, incluyendo:

A. Egoísmo

Santiago 4:3 dice: "Pedís, y no recibís, porque pedís mal, para gastar en vuestros deleites".

B. Problemas matrimoniales

Pedro dijo: "Vosotros, maridos... vivid con ellas sabiamente, dando honor a la mujer... como a coherederas de la gracia de la vida, para que vuestras oraciones no tengan estorbo" (1 P. 3:7).

C. Duda

Santiago 1:5–8 dice: "Y si alguno de vosotros tiene falta de sabiduría, pídala a Dios... con fe, no dudando nada; porque el que duda es semejante a la onda del mar, que es arrastrada por el viento y echada de una parte a otra. No piense, pues, quien tal haga, que recibirá cosa alguna del Señor. El hombre de doble ánimo es inconstante en todos sus caminos".

D. Falta de interés

Proverbios 21:13 dice: "El que cierra su oído al clamor del pobre, también él clamará, y no será oído". "Solo el misericordioso alcanza misericordia [Mt. 5:7]; el hombre rico sin misericordia, que no tiene oído para el clamor... del que no tiene apoyo y medios de subsistencia... también permanecerá sin ser escuchado cuando él mismo, en el tiempo de necesidad, clame a Dios por ayuda" (Franz Delitzsch, *Biblical Commentary on the Proverbs of Solomon* [Grand Rapids: Eerdmans, 1984 reprint], 72).

E. Falta de perdón

Jesús dijo: "Y cuando estéis orando, perdonad, si tenéis algo contra alguno, para que también vuestro Padre que está en los cielos os perdone a vosotros vuestras ofensas" (Mr. 11:25).

F. Idolatría

En Ezequiel 14:3 el Señor dice: "Hijo de hombre, [los ancianos de Israel] han puesto sus ídolos en su corazón, y han establecido el tropiezo de su maldad delante de su rostro. ¿Acaso he de ser yo en modo alguno consultado por ellos?".

PREGUNTAS Y RESPUESTAS

1. ¿Cómo podemos enseñar a los niños a orar?

Un buen modelo para niños es la oración del Señor (Mt. 6:9–13) porque les enseña los elementos básicos de la oración: Dios es su Padre, Él está en el cielo, Él proveé sus necesidades diarias, Él perdona sus pecados y Su reino vendrá.

Otra sugerencia es que compartan sus peticiones de oración con otros miembros de la familia y después, oren como familia por las peticiones unos de otros.

2. ¿Cómo debo abordar a mi marido acerca de su uso repetitivo y formalizado de una oración antes de las comidas familiares?

En un momento apropiado, pregúntele con amabilidad y tacto si estaría dispuesto a agregar variedad a las oraciones para enseñar a los niños más sobre la oración. Podría sugerirle que una persona diferente ore en cada comida. Además de agradecerle al Señor por la comida, sus oraciones podrían incluir una o dos peticiones por una situación de escuela o de trabajo, o por la enfermedad de un amigo.

3. ¿Podría hablar de los vellones?

La idea de determinar la voluntad de Dios al establecer condiciones viene del vellón de Gedeón en Jueces 6:36–40. Dios honró la petición condicional de Gedeón, pero normalmente no revela Su voluntad así. Yo creo que colocar tales vellones presume sobre la voluntad y el tiempo de Dios, al tratar de forzar a Dios a hacer algo específico en un marco de tiempo específico. No haga eso. Eso es lo que Satanás trató de hacer cuando tentó a Jesús (Mt. 4:1–11). La respuesta del Señor fue: "No tentarás al Señor tu Dios" (v. 7).

4. ¿Cómo podemos conocer la voluntad de Dios cuando tenemos que escoger entre dos opciones buenas?

No creo que Dios quiera que estemos en el limbo, incapaces de decidir qué opción es Su voluntad para nosotros. El Espíritu Santo nos guiará al tomar dichas decisiones.

Si usted está caminando en el Espíritu, determinar la voluntad de Dios en decisiones que no son cubiertas específicamente por la Escritura es normalmente cuestión de hacer lo que más desea hacer. Creo que Dios lo dirigirá a través de sus deseos y eliminará las opciones que no quiere que usted tenga (cp. Hch. 16:7; Ro. 1:9–10).

En momentos como esos, creo que normalmente es mejor tomar una decisión y después, ver si Dios confirma esa decisión. Normalmente, escojo la opción más difícil porque entre mayor es el desafío, más demandante será y mayor será la recompensa que traerá. Eso también me ayuda a depender de la fortaleza de Dios.

5. **¿Debemos dejar de orar por un hermano o hermana en Cristo que deliberadamente continúa en pecado?**

No. Debemos continuar orando hasta que la persona se arrepienta o hasta que el Señor remueva a esa persona (1 Jn. 5:16).

6. **Dijo que no debemos pedirle a Dios lo que ya es nuestro en Cristo como el amor y la paz. Pero ¿no podemos pedir que esas gracias sean más evidentes en nuestra experiencia cristiana, sin negar que posicionalmente las tenemos?**

Sí, siempre y cuando reconozca que el asunto es apropiarse de lo que ya tiene, no ganar algo que no tiene. Podría ser mejor orar: "Señor, ayúdame a ejercer lo que me has dado".

Reacciono negativamente a la implicación de que los cristianos carecen de los recursos espirituales necesarios para vivir vidas piadosas. Estamos completos en Cristo (Col. 2:10) y tenemos todas las cosas que pertenecen a la vida y a la piedad (2 P. 1:3). Debemos aprender a apropiarnos de lo que ya es nuestro.

7. **Mencionó la idolatría como un estorbo para la oración. Entiendo que los ídolos no necesariamente tienen que ser imagenes talladas, pero ¿podría explicar cuáles podrían ser algunos de los ídolos en nuestras vidas?**

Un ídolo es cualquier cosa en su vida que sustituye o tiene prioridad sobre Dios. Podría ser un novio o una novia, dinero, humanismo, educación, sexo, alcohol, un deporte, un pasatiempo. Es cualquier cosa que domine su vida y le desvía de adorar y obedecer a Dios (cp. 1 Co. 6:12).

8. Por favor, explique lo que significa decir "si es Tu voluntad" cuando oramos.

Orar para que se haga la voluntad de Dios es simplemente reconocer su sumisión al hecho de que Él tiene la última palabra en su vida. Eso demuestra su confianza en Su soberanía y gracia.

Si no tenemos en cuenta Su voluntad, podríamos pedir cosas que no debemos. Dios incluso podría conceder dichas peticiones para enseñarnos una lección. Eso le pasó a Israel cuando rechazaron a Dios como su rey y demandaron un rey humano (1 S. 8:4–7). Dios les dio a Saúl, un desastre de rey.

9. ¿Cómo se relacionan mis oraciones con la soberanía de Dios?

De alguna manera, la soberanía de Dios y la voluntad del hombre van a estar en armonía en la oración. Cómo eso opera es un misterio, pero sucede de manera clara. Por ejemplo, en Éxodo 32:10–14, Dios le dijo a Moisés que iba a destruir a Israel, pero Él los perdonó cuando Moisés oró.

10. A la luz de lo que Dios le hizo a Israel cuando pidieron un rey, ¿cómo podemos saber si estamos pidiendo algo que Dios quiere que tengamos?

Una clave importante es examinar sus motivos. En el caso de Israel, ellos querían un rey porque las otras naciones tenían reyes. Ellos rechazaron el gobierno de Dios porque querían mantenerse al paso de la época. Ese no es un motivo correcto. Si su motivo es puro, no tendrá nada que temer.

11. ¿De qué sirve la oración si Dios permite que le pase una tragedia a la persona por la que uno está orando?

También debemos aprender a someternos en gozo cuando Dios dice no. Eso es parte de confiar en Él. Por ejemplo, algunas veces oramos por la seguridad de nuestros hijos, pero Dios todavía permite que mueran. Eso no debería destruir nuestra fe en Dios o desalentarnos de orar. Debe enseñarnos que Él es soberano y que, en última instancia, Él es quien toma las decisiones.

Incluso cuando ocurren tragedias, la oración todavía es crucial. Es el medio por el cual Dios nos concede consuelo y fortaleza para soportar la prueba, y sabiduría para confiar en Su voluntad.

Jesús oró: "Padre, si quieres, pasa de mí esta copa; pero no se haga mi voluntad, sino la tuya" (Lc. 22:42; cp. Mt. 26:39; Mr. 14:36). Él fue sumiso a la voluntad del Padre, aunque Él sabía el dolor enorme que traería. Nosotros también debemos someternos a Su voluntad.

12. Por favor, comente sobre la práctica de "clamar la sangre de Cristo" y "atar a Satanás".

Ninguna de esas prácticas es bíblica. En realidad, no hacen más que reducir el cristianismo a fórmulas mágicas que no tienen ningún efecto en Satanás. La defensa más eficaz que tenemos contra Satanás y sus demonios es una vida santa.

Con respecto a la sangre de Cristo: fue derramada a nuestro favor, ha lavado nuestros pecados y nos ha hecho hijos de Dios. Pero en ningún lugar de la Escritura se nos manda o instruye a "clamar la sangre".

Además, la idea de que pueda atar a Satanás porque ha dicho la fórmula correcta es ilógica. De todos modos, si vive una vida santa, Satanás es impotente contra usted. Santiago 4:7 dice: "Someteos, pues, a Dios; resistid al diablo, y huirá de vosotros".

Por cierto, el atar y desatar descritos en Mateo 18:18, no tienen nada que ver con el diablo. Ese contexto se refiere a la disciplina de la iglesia.

13. ¿Puede Satanás oír nuestras oraciones?

Solo cuando oramos de forma audible. La Biblia no indica que Satanás puede leer nuestros pensamientos. Él fue creado como un ángel y los ángeles no lo saben todo (1 P. 1:12).

14. ¿Acaso Dios responde las oraciones de personas no salvas?

En ocasiones, Dios podría escoger responder a las oraciones de incrédulos, pero no está obligado a hacerlo (Sal. 66:18). La oración de arrepentimiento es la oración que Él siempre responde.

ENFOCÁNDOSE EN LOS HECHOS

1. Orar es para la vida espiritual lo que ________ es para la vida física.
2. La ________ es la comunicación de Dios para nosotros.
3. Enumere tres abusos comunes de la oración.
4. ¿Qué prohibición presenta Jesús en Mateo 6:7–8 acerca de la oración?
5. "La oración siempre debe ser ofrecida con la cabeza inclinada y los ojos cerrados". ¿Está de acuerdo o en desacuerdo con esa afirmación? Explique.
6. ¿Qué significa orar "en el Espíritu" (Ef. 6:18)?

7. Enumere cuatro razones por las que la oración es necesaria.

8. Defina "desmayar" como es usada en Lucas 18:1.

9. ¿Qué significa "orar sin cesar" (1 Ts. 5:17)?

10. ¿Acaso Dios siempre responde nuestras oraciones inmediatamente? Explique.

11. Enumere cinco condiciones de la oración.

12. ¿Qué significa orar en el nombre de Jesús (Jn. 14:13–14)?

13. ¿Qué significa orar conforme a la voluntad de Dios (1 Jn. 5:14–15)?

14. Identifique dos grupos de personas por quienes las Escrituras nos instruyen a orar (Lc. 10:2; 1 Ti. 2:1–2).

15. ¿Cuál es el estorbo principal de la oración (Sal. 66:18)?

16. Enumere seis cosas que pueden estorbar nuestras oraciones.

PONDERANDO LOS PRINCIPIOS

1. Hemos visto que la oración es comunicarse con Dios. Es motivada por una conciencia de Su presencia y gracia en nuestras vidas. Por consiguiente, la oración nos hace más conscientes de esas bendiciones. La oración mantiene nuestra relación con Dios fresca y agudiza nuestro entendimiento de Su voluntad. ¿Ora usted diariamente? Si es así, conoce el gozo que trae la comunión íntima con el Señor. Si no es así, comience a hacerlo hoy. No sirve de mucho aprender más acerca de la oración si no resulta en llevarle a orar más.

2. La gratitud es un elemento clave en la oración. Una manera de aprender la gratitud es mantener un registro de sus peticiones de oración y sus respuestas. Para hacerlo, va a tener que orar por cosas específicas y buscar respuestas específicas. Repase su lista con frecuencia y agradézcale a Dios por cada respuesta. Y recuerde, un "no" es una bendición tanto como un "sí". Dios sabe lo que es mejor para usted, así que asegúrese de aceptar Su voluntad en todas las cosas.

3. Algunas veces, las demandas de la oración pueden parecer abrumadoras porque hay tanto por qué orar. En momentos así, recuerde que sus oraciones son un deleite para el Señor (Pr. 15:8). Sea fiel, sabiendo que Él se agrada cuando usted ora.

CÓMO FUNCIONAR EN EL CUERPO

INTRODUCCIÓN

A. La metáfora del cuerpo de Cristo

La Biblia usa varias metáforas para la iglesia: un rebaño con Cristo como el Pastor (Jn. 10:14), pámpanos con Cristo como la vid (15:5), súbditos de un reino que Cristo gobierna como el Rey (18:36–37) e hijos de Dios Padre (1:12). Pero, quizás la metáfora más destacada de la iglesia sea la de un cuerpo con Cristo como su cabeza (Col. 1:18).

B. Los miembros del cuerpo de Cristo

Primera de Corintios 12:13–14 dice: "Porque por un solo Espíritu fuimos todos bautizados en un

> cuerpo, sean judíos o griegos, sean esclavos o libres, y a todos se nos dio a beber de un mismo Espíritu. Además, el cuerpo no es un solo miembro, sino muchos".

En el momento de su salvación, el Espíritu Santo lo bautizó (o lo colocó) a usted en el cuerpo de Cristo. Usted se volvió un miembro de Su cuerpo. Eso es sinónimo de volverse un miembro de la iglesia de Cristo. Puede que no tenga una membresía oficial en una congregación local, pero usted es miembro del cuerpo universal de Cristo.

LECCIÓN

Para funcionar apropiadamente como miembros del cuerpo de Cristo, debemos entender nuestra salvación, posición, dones espirituales, comunión y amor.

I. ENTENDIENDO NUESTRA SALVACIÓN

A. Hemos sido reconciliados

1. La reconciliación definida

   La reconciliación es "unir dos partes que están en disputa; particularmente, Cristo uniendo a Dios y al hombre, el resultado de lo cual es la salvación" (Millard J. Erickson, *Concise Dictionary of Christian Theology* [Grand Rapids: Baker, 1986], 140).

2. La reconciliación descrita

   a. Nuestra condición antes de la salvación

      Efesios 2:11–12 dice: "Acordaos de que en otro tiempo vosotros, los gentiles en cuanto a la carne... En aquel tiempo estabais sin Cristo, alejados de la ciudadanía de Israel y ajenos a los pactos de la promesa, sin esperanza y sin Dios en el mundo". Ese es un retrato de un incrédulo: él está sin Cristo, Dios o esperanza.

   b. Nuestra condición después de la salvación

      Los versículos 13 al 16 dicen: "Pero ahora en Cristo Jesús, vosotros que en otro tiempo estabais lejos, habéis sido hechos cercanos por la sangre de Cristo. Porque él es nuestra paz, que de ambos pueblos hizo uno, derribando la pared intermedia de separación, aboliendo en su carne las enemistades, la ley de los mandamientos expresados en ordenanzas, para crear en sí mismo de los dos un solo y nuevo hombre, haciendo la paz, y mediante la cruz reconciliar con Dios a ambos en un solo cuerpo, matando en ella las enemistades".

      Mediante Su muerte expiatoria, Cristo reconcilió no solo a creyentes judíos y gentiles, sino lo que es más importante, reconcilió a Dios y al hombre. Él derribó la barrera de pecado que separaba a los hombres de Dios y a los hombres de otros hombres. Ahora, todos los que están unidos a Cristo también están unidos unos con otros (1 Co. 6:17).

3. La reconciliación ilustrada

Un misionero cuenta la historia de un servicio en una iglesia africana contemporánea. Él estaba dirigiendo la celebración de la Cena del Señor y al mirar a la congregación, vio a hombres y mujeres de las tribus Senga, Tumbuka y Ngoni, orando y alabando juntos a Dios. Uno de los hombres era un jefe de la tribu Ngoni, quien se acordó cómo había sido la vida en los días antes de que oyeran de Cristo. Él le había explicado al misionero cómo su pueblo había atacado de manera rutinaria a las tribus Senga y Tumbuka, quemando aldeas y dejando un rastro de devastación y muerte. Las tres tribus habían sido rivales llenos de amargura que presumían de tener sus lanzas cubiertas con la sangre de los cadáveres y mutilaciones de sus enemigos.

Pero, aunque antes habían estado divididos al derramar la sangre de los otros, ahora estaban unidos mediante la sangre de su Salvador.

Mediante el sacrificio de Cristo, hemos sido reconciliados con Dios y unos con otros. En donde antes solo había guerra, destrucción y muerte, los pecadores redimidos ahora disfrutan de una paz eterna con nuestro Dios santo —una paz que sería imposible sin la cruz de Cristo—.

B. Hemos sido transformados

1. Nuestro estilo de vida antes de la salvación

   Efesios 4:17–19 dice: "Ya no andéis como los otros gentiles, que andan en la vanidad de su mente, teniendo el entendimiento entenebrecido, ajenos de la vida de Dios por la ignorancia que en ellos hay, por la dureza de su corazón; los cuales, después que perdieron toda sensibilidad, se entregaron a la lascivia para cometer con avidez toda clase de impureza".

2. Nuestro estilo de vida después de la salvación

   El versículo 20 dice: "Mas vosotros no habéis aprendido así a Cristo". Cuando recibimos a Cristo, una vida totalmente nueva comenzó. Fuimos transformados por el Espíritu (2 Co. 5:17) y se nos dieron los recursos espirituales para vivir "como es digno del Señor, agradándole en todo" (Col. 1:10).

C. Hemos sido regenerados

1. La regeneración definida

   "La regeneración es aquel acto de Dios por medio del cual el principio de la vida nueva queda implantado en el hombre, y se hace santa la disposición regente del alma" (Louis Berkhof, *Teología Sistemática* [Grand Rapids: Libros Desafío, 2009], 560).

2. La regeneración descrita

a. Nuestra condición antes de la salvación

1) Declarada

Efesios 2:1 dice: "Estabais muertos en vuestros delitos y pecados". Antes de su salvación, usted estaba espiritualmente muerto —incapaz de responder a Dios—.

2) Ilustrada

La realidad de la muerte física me fue ilustrada de manera vívida hace unos años atrás. Mientras estaba sentado en mi escritorio, un niño pequeño vino corriendo y gritando: "Por favor, ven. Mi mamá necesita ayuda; mi hermanita acaba de morir".

Salí rápido a la calle y cuando entré en la casa del niño, vi a una hermosa bebé siendo cargada por su mamá. Ella estaba sollozando de manera descontrolada mientras que besaba repetidamente a su bebé y hacía todo lo que podía para que ella respondiera. Pero nada funcionó porque la bebé estaba muerta.

El amor de una madre por su hijo probablemente es el afecto humano más grande de todos, pero eso tampoco tuvo efecto en el infante porque la muerte hace que uno sea incapaz de responder.

Lo mismo ocurre con aquellos que están espiritualmente muertos. No pueden responder a Dios. Esa es la razón por la que los incrédulos viven "siguiendo la corriente de este mundo, conforme al príncipe de la potestad del aire, el espíritu que ahora opera en los hijos de desobediencia... en los deseos de nuestra carne, haciendo la voluntad de la carne y de los pensamientos, y éramos por naturaleza hijos de ira, lo mismo que los demás" (Ef. 2:2–3).

b. Nuestra condición después de la salvación

Por contraste, Efesios 2:4–5 dice: "Pero Dios, que es rico en misericordia, por su gran amor con que nos amó, aun estando nosotros muertos en pecados, nos dio vida juntamente con Cristo".

Cuando estábamos muertos en pecado, Dios nos concedió vida en Cristo. La vida espiritual nos capacita para ser sensibles y obedientes a la verdad espiritual (cp. 1 Co. 2:14–16). Nos da una conciencia de la presencia de Dios, un amor por Su Palabra y un deseo por tener comunión con Él en oración.

II. ENTENDIENDO NUESTRA POSICIÓN EN CRISTO

A. La definición de estar en Cristo

Estar "en Cristo" es estar identificado de manera tan cercana con Cristo que Dios nunca lo ve a usted fuera de Su Hijo. En un sentido espiritual, usted no tiene identidad fuera de Cristo. Usted es como un niño que no ha nacido y que está en el vientre de su madre: no tiene existencia por sí mismo fuera de su madre.

B. La naturaleza de estar en Cristo

Segunda de Timoteo 1:9–10 dice: "[Dios] nos salvó y llamó con llamamiento santo, no conforme a nuestras obras, sino según el propósito suyo y la gracia que nos fue dada en Cristo Jesús antes de los tiempos de los siglos, pero que ahora ha sido manifestada por la aparición de nuestro Salvador Jesucristo". No hay nada que hayamos hecho para ganarnos el favor o la misericordia de Dios —Él nos escogió y nos vio en Cristo antes de que el mundo comenzara—.

C. Las bendiciones de estar en Cristo

1. Hemos recibido la justicia de Cristo (cp. 2 Co. 5:21).

2. Somos perdonados (cp. Col. 1:13–14).

3. Somos coherederos con Cristo (cp. Ro. 8:17).

4. Somos aceptados por Dios. Efesios 1:5–6 dice: "Habiéndonos predestinado para ser adoptados hijos suyos por medio de Jesucristo, según el puro afecto de su voluntad, para alabanza de la

gloria de su gracia, con la cual nos hizo aceptos en el Amado".

5. Heredaremos las riquezas de Cristo. Pablo dijo: "No ceso de dar gracias por vosotros, haciendo memoria de vosotros en mis oraciones, para que el Dios de nuestro Señor Jesucristo, el Padre de gloria, os dé espíritu de sabiduría y de revelación en el conocimiento de él, alumbrando los ojos de vuestro entendimiento, para que sepáis cuál es la esperanza a que él os ha llamado, y cuáles las riquezas de la gloria de su herencia en los santos, y cuál la supereminente grandeza de su poder para con nosotros los que creemos, según la operación del poder de su fuerza, la cual operó en Cristo, resucitándole de los muertos y sentándole a su diestra en los lugares celestiales" (Ef. 1:16–20).

   Pablo oró para que entendiéramos que estar en Cristo significa que heredamos las riquezas, la gloria y el poder que son de Él.

6. Tenemos seguridad eterna. Eclesiastés 3:14 dice: "He entendido que todo lo que Dios hace será perpetuo; sobre aquello no se añadirá, ni de ello se disminuirá; y lo hace Dios, para que delante de él teman los hombres". Cuando Dios hace algo, nada puede ser añadido a Su obra ni quitado de ella. Si Dios lo salvó a usted, eso lo determina. Su salvación es total y completa (cp. Ro. 8:38–39).

7. Estamos completos en Cristo. Colosenses 2:10 dice: "Vosotros estáis completos en él". Segunda de Pedro 1:3 dice que Dios nos ha dado "todas las cosas que pertenecen a la vida y a la piedad". No nos falta nada.

   En circunstancias normales, los recién nacidos tienen todos los miembros y órganos que necesitan para funcionar como seres humanos. Aunque necesitan crecer y madurar, todas las partes necesarias del cuerpo están en su lugar. No son como los renacuajos, que producen partes adicionales del cuerpo hasta que se vuelven anfibios completamente desarrollados.

   Los cristianos nuevos no son renacuajos espirituales. Son cristianos completos desde el momento de la salvación. Todo lo que se necesita es tiempo para que ellos crezcan "en la gracia y el conocimiento de nuestro Señor y Salvador Jesucristo" (2 P. 3:18).

   a. Hemos cumplido la ley de Dios

      Cristo vino para cumplir los requisitos de la ley de Dios (Mt. 5:17). Debido a que estamos en Él, Dios nos ve como si también nosotros hubiéramos cumplido la ley. Eso se llama justicia posicional. Nuestra posición en Cristo nos hace justos delante de Dios (cp. 2 Co. 5:21).

   b. Debemos vivir de manera congruente

Debemos aprender a vivir al nivel de quienes somos en Cristo, haciendo que nuestra práctica esté al nivel de nuestra posición (cp. Ro. 6:11–13).

Un amigo mío jugó futból americano para los Empacadores de Green Bay. Me contó que jugar bajo las órdenes del entrenador Vince Lombardi motivó a todo hombre a jugar más allá de sus capacidades normales. Querían mantener en alto la dignidad y reputación de ese equipo.

Así debe ser para los cristianos. Debemos desear vivir al nivel de nuestro alto llamado y sublime posición en Cristo. Pero tristemente, nuestra práctica con frecuencia no refleja nuestra posición, entonces el Espíritu Santo debe convencernos y recordarnos quiénes somos y a quién representamos.

Nuestra posición en Cristo es perfecta. Ni siquiera nuestro crecimiento espiritual la altera; el crecimiento afecta nuestra práctica, no nuestra posición.

Estar en Cristo nos hace miembros de Su cuerpo, la iglesia. Cristo es la cabeza de la iglesia (Col. 1:18) y Él la gobierna mediante evangelistas, pastores y maestros, que equipan a los creyentes para ministrar. Cuando los creyentes ministran, el cuerpo de Cristo es edificado y los incrédulos son salvados (Ef. 4:11–13). Todos tenemos una función crucial que cumplir en ese proceso.

III. ENTENDIENDO NUESTROS DONES ESPIRITUALES

A. El concepto de los dones espirituales

En el momento de su salvación, usted fue dotado por el Espíritu Santo para ministrar dentro del cuerpo de Cristo. Cada don espiritual es crucial para la salud general del cuerpo. Esa es la razón por la que debemos ser fieles en servirnos unos a otros. Cuando no lo hacemos, el cuerpo de Cristo se paraliza y su testimonio al mundo es estorbado. Pero una iglesia saludable presentará un testimonio fuerte conforme el mundo observa nuestra unidad en el Espíritu, diversidad de dones y ministerios mutuos.

B. La definición de los dones espirituales

Un don espiritual es una capacidad dada por Dios mediante la cual el Espíritu Santo ministra. No es una capacidad natural humana como lo es tocar el piano, cantar o escribir. Dichos talentos pueden ser usados para expresar su don, pero no son dones espirituales en sí mismos. Por ejemplo, si usted tiene el don de enseñanza, podría expresar ese don al escribir. O si tiene el don de exhortación, podría escribir cartas que exhortan.

C. La fuente de los dones espirituales

El Espíritu Santo es la fuente de todos los dones espirituales y Él determina qué dones recibe cada creyente. Primera de Corintios 12:11 dice: "Todas estas cosas [los dones espirituales] las hace uno y el mismo Espíritu, repartiendo a cada uno en particular como él quiere". Usted no puede fabricar o ganarse un don en particular. Dios le da a usted los dones que están dentro de Su plan para su vida y ministerio.

D. La diversidad de los dones espirituales

Primera de Corintios 12:4–6 dice: "Ahora bien, hay diversidad de dones, pero el Espíritu es el mismo. Y hay diversidad de ministerios, pero el Señor es el mismo. Y hay diversidad de operaciones, pero Dios, que hace todas las cosas en todos, es el mismo". Dios ha dado una variedad de dones a Su iglesia. Algunos de ellos fueron de una naturaleza temporal, otros son permanentes.

1. Los dones permanentes de edificación

   Los dones permanentes fueron dados para la edificación continua de la iglesia.

   a. Profecía (Ro. 12:6)

      Profecía es la capacidad de predicar o proclamar la verdad de Dios a otros para edificación, exhortación y consolación (cp. 1 Co. 14:3).

b. Enseñanza (Ro. 12:7)

Enseñanza es la capacidad de enseñar verdades de la Palabra de Dios.

c. Fe (1 Co. 12:9)

Fe es la capacidad de confiar en Dios sin duda o molestia, sin importar las circunstancias.

d. Sabiduría (1 Co. 12:8)

Sabiduría es la capacidad de aplicar la verdad espiritual a la vida.

e. Conocimiento (1 Co. 12:8)

Conocimiento es la capacidad de entender hechos. Es el lado académico de la verdad bíblica.

f. Discernimento (1 Co. 12:10)

Discernimiento es la capacidad de distinguir la verdad del error: discernir lo que es de Dios y lo que es engaño satánico.

g. Misericordia (Ro. 12:8)

Misericordia es la capacidad de manifestar el amor de Cristo en actos de bondad.

h. Exhortación (Ro. 12:8)

Exhortación es la capacidad de alentar, aconsejar y consolar a otros con la verdad bíblica y el amor cristiano.

i. Dar (Ro. 12:8)

Dar es la capacidad de proveer para otros que no pueden satisfacer sus propias necesidades. Fluye de una decisión de dedicar todas las posesiones terrenales al Señor y a Su obra.

j. Administración (Ro. 12:8; 1 Co. 12:28)

Administración también es conocido como el don de liderar o gobernar. Es la capacidad de supervisar la iglesia de una manera ordenada. También incluye enseñar, instruir y disciplinar.

k. Servicio o ayuda (Ro. 12:7; 1 Co. 12:28)

Servicio es es la capacidad de servir fielmente tras bambalinas, ayudando en la obra del ministerio en maneras prácticas.

2. Los dones temporales de señales

Los dones de señales fueron para la era apostólica —para certificar la revelación divina y al mensajero mediante el cual vino la revelación—. Cuando los apóstoles y profetas fallecieron, también se acabó la necesidad de dicha confirmación (cp. He. 2:3–4). La Biblia misma se volvió el estandar por el cual toda supuesta revelación sería probada (cp. Jud. 3). Los dones de señales nunca fueron destinados para la edificación continua de la iglesia.

a. Milagros (1 Co. 12:10, 28)

El don de milagros era la capacidad de hacer señales, maravillas y obras poderosas.

b. Sanidad (1 Co. 12:9, 28, 30)

Sanidad era la capacidad de sanar a los enfermos.

c. Lenguas (1 Co. 12:10, 28, 30)

Lenguas era la capacidad de declarar las obras maravillosas de Dios en un idioma extranjero conocido, que el que hablaba nunca había aprendido (Hch. 2:1–11). Sirvió como una señal para los incrédulos, especialmente a los judíos incrédulos (1 Co. 14:22).

d. Interpretación de lenguas (1 Co. 12:10, 30)

La intepretación de lenguas fue la capacidad de traducir el idioma extranjero hablado por la persona con el don de lenguas para que todos los que oyeran fueran edificados.

E. La administración de los dones espirituales

Primera de Corintios 12 dice: "Hay diversidad de dones... Y hay diversidad de ministerios" (vv. 4–5). La palabra griega traducida "ministerios" (*diakonion*) habla de servicio. Hay muchos dones y muchas maneras en las que pueden ser usados para servir al cuerpo. Por ejemplo, una iglesia podría tener varias personas con el don de enseñanza, pero solo uno o dos que enseñan desde el púlpito. Los otros podrían enseñar a niños, clases de creyentes nuevos o clases de escuela dominical para adultos. Es el mismo don con aplicaciones diferentes.

F. La operación de los dones espirituales

Primera de Corintios 12:6 dice: "Y hay diversidad de operaciones, pero Dios, que hace todas las cosas en todos, es el mismo". La palabra griega traducida "operaciones" (*energon*) habla de la obra del Espíritu al potenciar los dones que Él nos ha dado. Cuando ministramos nuestros dones en el poder del Espíritu, Su poder fluye a través de nosotros para afectar a otros.

G. La pluralidad de los dones espirituales

Primera de Pedro 4:10 habla de un don especial que cada creyente ha recibido y debe usar para servir a otros. Yo creo que es una mezcla de dones espirituales especialmente diseñados por el Espíritu para adecuarse a la personalidad de cada creyente, a sus habilidades naturales y al diseño de Dios para su vida. Es una pluralidad de dones en un paquete. Lo comparo a la paleta de un pintor en la que mezcla varios colores hasta que alcanza la mezcla precisa que quiere.

H. El propósito de los dones espirituales

Todos los dones espirituales están diseñados para edificar a la iglesia (1 Co. 14:26). Mis dones no son para mí beneficio y los dones que usted tiene no son para su beneficio. Debemos edificarnos unos a otros "hasta que todos lleguemos a la unidad de la fe y del conocimiento del Hijo de Dios, a un varón perfecto, a la medida de la estatura de la plenitud de Cristo" (Ef. 4:13).

IV. ENTENDIENDO NUESTRA COMUNIÓN

A. La definición de comunión

La comunión es el intercambio de interés y cuidado mutuos que incluye ministrar nuestros dones espirituales.

B. Las responsabilidades de la comunión

La Escritura nos instruye a ministrarnos unos a otros de muchas maneras.

1. Confesaos vuestras ofensas unos a otros (Stg. 5:16).
2. Animaos unos a otros (1 Ts. 5:11; Ro. 14:19).
3. Sobrellevad los unos las cargas de los otros (Gá. 6:2).
4. Orad unos por otros (Stg. 5:16).
5. Sed benignos unos con otros (Ef. 4:32).
6. Someteos unos a otros (Ef. 5:21).
7. Hospedaos los unos a los otros (1 P. 4:9).
8. Servíos los unos a los otros (Gá. 5:13; 1 P. 4:10).

9. Alentaos los unos a los otros (1 Ts. 4:18).
10. Restauraos los unos a los otros (Gá. 6:1).
11. Perdonándoos unos a otros (Ef. 4:32; Col. 3:13; 2 Co. 2:6–8).
12. Amonestándoos unos a otros (Ro. 15:14; Col. 3:16).
13. Enseñándoos unos a otros (Col. 3:16).
14. Exhortándoos unos a otros (He. 3:13).
15. Amándoos unos a otros (Ro. 13:8; 1 Ts. 3:12; 4:9; 1 P. 1:22; 1 Jn. 3:11, 23; 4:7, 11).

V. ENTENDIENDO NUESTRO AMOR

El amor es la clave del ministerio eficaz. En donde existe el amor, hay humildad verdadera, la cual es un ingrediente esencial en los ministerios mutuos. La soberbia se concentra en sí misma, mientras que la humildad se concentra en otros.

Si la soberbia está estorbando su ministerio, concéntrese en conocer a Cristo con mayor intimidad mediante la oración y el estudio bíblico. Cuanto más entienda Su poder y gloria, más humilde será. Entonces, podrá entregarse a otros como Cristo se entregó a Sí mismo por usted.

PREGUNTAS Y RESPUESTAS

1. ¿Qué es la adoración y por qué lo hacemos el domingo?

La adoración es simplemente alabar a Dios en espíritu y en verdad (Jn. 4:23). Adoramos en espíritu cuando adoramos de corazón y no meramente con formalidades externas. Adoramos en verdad cuando nuestra adoración es consistente con patrones y principios bíblicos.

Una manera excelente de adorar a Dios es exaltar Su persona y Sus obras como son reveladas en la Escritura, y reconocer Sus obras de gracia en su propia vida. Puede incluir lectura de la Escritura, oración, cantar o incluso celebrar la Mesa del Señor. Puede adorar solo o en grupo. Lo primordial es que su adoración fluya de un corazón de alabanza. Los cristianos adoramos el domingo por varias razones.

- Cristo resucitó el domingo; por eso, la primera iglesia escogió ese día para celebrar Su resurrección.
- El Día de reposo del Antiguo Testamento (sábado) fue un día de descanso para Israel. El domingo del cristiano es más que un día de descanso; es un día para recordar la resurrección de Cristo.
- Guardar el Día de reposo es el único de los Diez Mandamientos que no es repetido en el Nuevo Testamento.
- El Nuevo Testamento indica que la primera iglesia se reunió para la adoración colectiva el primer día de la

semana (domingo). Ese es el patrón en el libro de los Hechos y la implicación en otras partes del Nuevo Testamento (cp. 1 Co. 16:2).

Aunque la adoración del domingo sigue el patrón del Nuevo Testamento, el día en sí no tiene nada particularmente sagrado. Para los creyentes, la adoración debe ocurrir cada día.

2. ¿Cuál es nuestra responsabilidad cuando reprendemos a un hermano cristiano y no se arrepiente?

Si un cristiano que está pecando no se arrepiente, Mateo 18:15–18 da un procedimiento de cuatro pasos que debemos seguir: vaya a él a solas (v. 15), vuelva a ir y tome uno a tres testigos (v. 16), dígalo a la iglesia (v. 17), después, trátelo como a alguien de afuera (v. 18; 2 Ts. 3:14–15). Si la persona se arrepiente en algún punto de ese proceso, debemos restaurarla con amor (Gá. 6:1). (Para una explicación detallada del proceso de la disciplina en la iglesia, véase John MacArthur, *El plan del Señor para la iglesia* [Editorial Portavoz]).

3. ¿Acaso la parábola de los talentos implica que Dios quitará nuestros dones espirituales si no los usamos?

Si un cristiano no ejerce su don espiritual por un periodo largo de tiempo, podrá atrofiarse al punto de que no podrá usarlo. Pero eso solo es insinuado en la parábola de los talentos en un sentido muy general.

El contexto de Mateo 25:29 es que aquellos que confían

en Cristo ganarán todo y aquellos que no confían en Él perderán todo. El esclavo impío en esa parábola no tenía fe; por lo tanto, no era un creyente. Como consecuencia, él perdió las bendiciones que tenía.

Un cristiano verdadero que desperdicia sus capacidades, dones espirituales y oportunidades, sufrirá pérdida porque su trabajo inútil se quemará, "si bien él mismo será salvo, aunque así como por fuego" (1 Co. 3:15).

4. ¿Por qué es necesario unirse a una iglesia local?

La membresía en una asamblea local de creyentes es el modelo del Nuevo Testamento y Hebreos 10:24–25 nos manda seguirlo para que podamos alentarnos unos a otros "al amor y a las buenas obras". Asimismo, se nos manda someternos a los líderes de la iglesia que están en autoridad sobre nosotros (He. 13:7, 17). Eso implica nuestro involucramiento en una iglesia organizada.

Al parecer, las primeras asambleas locales tuvieron listas de su gente. En 1 Timoteo 5:9 Pablo habla de una lista de viudas. Y por fuentes extrabíblicas sabemos que las iglesias frecuentemente escribieron cartas de recomendación para miembros que se mudaron de un área geográfica a otra y se unieron a otra iglesia.

Todos necesitamos la rendición de cuentas y los ministerios mutuos que la membresía de la iglesia trae, para guardarnos de enfriarnos en nuestros ministerios.

5. ¿Qué es exactamente una asamblea local o una iglesia?

Hablando en términos generales, cada vez que los cristianos se reúnen en una comunidad local, eso constituye una iglesia. Pero una iglesia organizada tiene ancianos, diáconos, maestros y una congregación. Todo cristiano ya es un miembro del cuerpo de Cristo y debería ser parte de una asamblea local con el propósito de ministrar a otros y ser ministrado.

ENFOCÁNDOSE EN LOS HECHOS

1. Identifique cinco metáforas que el Nuevo Testamento usa para la iglesia.

2. ¿Cuándo es que un creyente se vuelve miembro del cuerpo de Cristo?

3. ¿Qué es la reconciliación?

4. Según Efesios 2:11–16, ¿cuál era nuestra condición espiritual antes de la salvación? ¿Después de la salvación?

5. ¿Qué es la regeneración?

6. La vida espiritual nos capacita para ser _________ y _________ a la verdad espiritual.

7. ¿Qué significa estar "en Cristo"?

8. Enumere siete bendiciones de estar en Cristo.

9. Describa cómo funciona el cuerpo de Cristo (Ef. 4:11–13).

10. ¿Qué es un don espiritual?

11. Describa once dones permanentes de edificación.

12. ¿Cuáles fueron los dones temporales de señales y cuál fue su propósito?

13. Defina “ministerios” y “operaciones” según se usan en 1 Corintios 12.

14. ¿Cuál es el propósito de los dones espirituales (1 Co. 14:26)?

15. ¿Qué es la comunión cristiana?

16. ¿Cuáles son las responsabilidades de la comunión?

17. El ________ es la clave del ministerio eficaz. ¿Por qué?

PONDERANDO LOS PRINCIPIOS

1. El libro de Efesios usa el término "en Cristo" o su equivalente repetidamente en conexión con las bendiciones que resultan de nuestra unión con Cristo. Lea Efesios, enumerando todas las bendiciones que son suyas en Cristo. Agradezca a Dios por cada una de ellas y sea diligente en vivir a la luz de su posición exaltada.

2. Hemos visto que un don espiritual es una capacidad dada por Dios mediante la cual el Espíritu Santo ministra. Debido a que el Espíritu dota a todo creyente, todos somos importantes para la salud general del cuerpo de Cristo. Repase las secciones de la diversidad, administración y operación de los dones espirituales. ¿Cuáles son sus dones espirituales? ¿Está usándolos fielmente? Si no es así, pida perdón a Dios y comience a ministrar hoy. Recuerde, sus dones no son para usted; son para la edificación de otros.

CÓMO TESTIFICAR

INTRODUCCIÓN

A. La definición de un testigo

Hace varios años, vi un intento de homicidio y me citaron para comparecer en la corte como testigo para el proceso judicial. Después del juramento, me pidieron que le dijera a la corte lo que había visto, oído y sentido. Esa es la función de un testigo.

De manera parecida, un testigo cristiano es alguien que cuenta su experiencia con Cristo. El apóstol Juan dijo: "Lo que era desde el principio, lo que hemos *oído*, lo que hemos *visto* con nuestros ojos, lo que hemos contemplado y *palparon nuestras manos* tocante al Verbo de vida [Jesucristo]... eso os anunciamos" (1 Jn. 1:1–3, énfasis añadido).

Usted no necesita ser un teólogo astuto para testificar. Usted simplemente necesita hablarles a otros acerca de cómo Cristo lo amó, lo salvó y de cómo Su Espíritu le ministra mediante la oración y la Palabra.

B. La responsabilidad de un testigo

La víctima del intento de homicidio del que fui testigo rehusó dar testimonio contra sus agresores por miedo a perder su vida. Él obviamente había sido testigo del crimen, pero su testimonio fue inútil para llevar a los criminales ante la justicia. Como testigos de Cristo, tenemos el privilegio y la responsabilidad de testificar de Él (cp. Mt. 10:32; Ro. 10:9; 2 Ti. 1:8). No debemos quedarnos callados.

C. La importancia de un testigo

El Nuevo Testamento presenta a Jesucristo siendo juzgado por el mundo incrédulo. El Espíritu Santo es el abogado defensor (gr. *paraklētos*, Jn. 16:7–11) que está presentando a Jesús como Salvador y Señor. El mundo está intentando juzgarlo y desacreditarlo. Nosotros somos los testigos llamados a testificar en Su favor. Nuestro testimonio puede ayudar o afectar la defensa del Espíritu.

D. La credibilidad de un testigo

La credibilidad de su testimonio está directamente relacionada con su estilo estilo de vida. Después de predicar en la cárcel una noche, se me acercó un preso y me dijo: "Realmente disfruté su ministerio. Me da gusto ver a un hermano en Cristo. Yo también estoy en la obra del Señor". Me sorprendió y le pregunté qué estaba haciendo en la cárcel. Él dijo: "Bueno, me pusieron cinco multas de tránsito y no pagué ninguna". Le recordé que 1 Pedro 2:13–15 dice: "Por causa del Señor someteos a toda institución humana... como por él enviados para castigo de los malhechores y alabanza de los que hacen bien. Porque esta es la voluntad de Dios: que haciendo bien, hagáis callar la ignorancia de los hombres insensatos".

Después dije: "Haznos un favor a todos. No le digas a nadie que eres cristiano. No necesitamos ese tipo de publicidad". Eso fue directo, pero él entendió lo que quise decir. Después, tuvimos una buena plática acerca de la importancia de la credibilidad.

E. El sacrificio de un testigo

Para ser un testigo eficaz, debe preocuparse más por la opinión que el mundo tiene de Jesús que por la opinión que tengan de usted. De lo contrario, va a estar demasiado ocupado protegiéndose como para proclamarlo a Él.

LECCIÓN

I. LA NECESIDAD DE TESTIFICAR

A. Se nos manda testificar

1. Mateo 28:19–20—Jesús dijo: “Por tanto, id, y haced discípulos a todas las naciones, bautizándolos en el nombre del Padre, y del Hijo, y del Espíritu Santo; enseñándoles que guarden todas las cosas que os he mandado; y he aquí yo estoy con vosotros todos los días, hasta el fin del mundo. Amén”.

2. Hechos 1:8—Jesús dijo: “Pero recibiréis poder, cuando haya venido sobre vosotros el Espíritu Santo, y me seréis testigos en Jerusalén, en toda Judea, en Samaria, y hasta lo último de la tierra”.

3. 1 Pedro 2:9—“Mas vosotros sois linaje escogido, real sacerdocio, nación santa, pueblo adquirido por Dios, para que anunciéis las virtudes de aquel que os llamó de las tinieblas a su luz admirable”.

4. Mateo 5:14–16—“Vosotros sois la luz del mundo; una ciudad asentada sobre un monte no se puede esconder. Ni se enciende una luz y se pone debajo de un almud, sino sobre el candelero, y alumbra a todos los que están en casa. Así alumbre vuestra luz delante de los hombres, para que vean vuestras buenas obras, y glorifiquen a vuestro Padre que está en los cielos”.

B. Somos competentes para testificar

1. Tenemos al Espíritu Santo

   En un tribunal de justicia, el trabajo del abogado consiste en tomar el testimonio de cada testigo y desarrollar un caso en torno a eso. Algunas partes del testimonio podrían ser irrelevantes para el caso, pero los abogados escogen las partes relevantes.

   De manera semejante, el Espíritu Santo toma su testimonio y lo aplica a los corazones de otros. Incluso si no sabe qué decir, si no puede responder todas las preguntas o no se acuerda de los versículos bíblicos apropiados, Él usará lo que usted diga para presentar Su defensa. Nunca subestime el poder del Espíritu. Quizás se sienta incompetente, pero Él es infinitamente competente.

2. Tenemos nuestro testimonio

   Muchos no cristianos sufren de culpabilidad y confusión interna. Anhelan la paz, la felicidad y las relaciones significativas. Como cristianos, tenemos todo eso y más que ofrecerles porque hemos recibido redención, perdón, amor, gozo, paz y todas las demás bendiciones que acompañan a la salvación.

   Puede que las personas no entiendan o crean el evangelio, pero frecuentemente son atraídos por los cristianos que reflejan el amor y la paz de Cristo en sus vidas. El hombre ciego de Juan 9 no conocía mucha teología, pero él estaba seguro de una cosa: "Habiendo yo sido ciego, ahora veo" (v. 25). Su testimonio simple tuvo un efecto dramático en aquellos que lo rodeaban. Confundió incluso a los líderes religiosos incrédulos de su día. Así es el poder de un testimonio personal.

II. LAS CARACTERÍSTICAS DE TESTIFICAR

A. El testimonio corporativo de la iglesia

1. Explicado

El testimonio corporativo de una iglesia local a su comunidad refleja y afecta los testimonios de sus miembros individuales.

El autor Gene Getz dijo: "El evangelismo corporativo es fundamental para el evangelismo personal. En el Nuevo Testamento, el funcionamiento del cuerpo de Cristo estableció las bases para el testimonio individual. Por eso Jesús dijo: 'Amaos los unos a los otros' y así 'conocerán todos que sois mis discípulos'. Por eso Pablo dijo: 'Amarás a tu prójimo como a ti mismo' (Ro. 13:9) y también Pedro exhortó a los creyentes a mantener buena su 'manera de vivir entre los gentiles' (1 P. 2:12).

"El evangelismo personal adopta una importancia

excepcional en el contexto de un cuerpo maduro de creyentes locales, cristianos que están teniendo un impacto en sus comunidades debido a su integridad (1 Ts. 4:11–12); su comportamiento abnegado (Ro. 13:7); su conducta ordenada (1 Co. 10:31–33); su sabiduría (Col. 4:6); su diligencia (1 Co. 6:1); su humildad (1 P. 2:18); y al mismo tiempo, su testimonio directo de Jesucristo (1 P. 3:15).

"Es difícil testificar en aislamiento. Con frecuencia es necesario, pero el plan general de Dios es que el evangelismo en comunidad sea llevado a cabo en el contexto del cristianismo dinámico y de una vida vigorosa del cuerpo.

"Unida y funcionando en todas sus partes, la iglesia local puede tener un impacto poderoso en una comunidad pagana. Entonces, no son tanto los individuos extrovertidos que con frecuencia son exaltados como los 'más espirituales' debido a su testimonio, sino que se vuelve un ministerio del cuerpo total de Cristo, en el que todos comparten el gozo y la recompensa de aquellos que tienen el privilegio de 'halar la red' para Cristo" (*Sharpening the Focus of the Church* [Chicago: Moody, 1974], 41).

2. Ilustrado

Hace varios años atrás, me sorprendió oír que un hombre de nuestra iglesia invitó a un abogado amigo suyo para que asistiera a un servicio de domingo por la mañana, solo para que el abogado dijera: “Conozco a otro abogado que va a tu iglesia y él es el abogado más deshonesto que conozco. ¡Yo nunca asistiría a esa iglesia!”. El estilo de vida de un hombre destruyó la credibilidad de la iglesia entera a los ojos de ese abogado. Eso me molestó tanto que el domingo siguiente dije a quienquiera que fuera ese abogado: “Me gustaría que limpiara su vida porque está dificultando que los otros testifiquen”.

Supongo que toda iglesia tiene personas que dañan su testimonio y deben ser confrontadas por causa de Cristo y el testimonio de Su iglesia. Una iglesia pura atrae a personas y da credibilidad al testimonio de sus miembros.

B. El testimonio de creyentes individuales

Además del testimonio corporativo de la iglesia, la integridad de la vida de un individuo hace que su testimonio sea creíble.

1. Nuestro ejemplo

a. Algunos ejemplos negativos

1) Los escribas y fariseos

En Mateo 23:2–3 Jesús dice: “En la cátedra de Moisés se sientan los escribas y los fariseos. Así que, todo lo que os digan que guardéis, guardadlo y hacedlo; mas no hagáis conforme a sus obras, porque dicen, y no hacen". Eso es hipocresía: estaban diciendo una cosa, pero haciendo otra.

2) Publicidad selectiva

Los publicistas reconocen la necesidad de la credibilidad. Esa es la razón por la que no contratan a víctimas de cáncer para promocionar cigarrillos ni a alcohólicos para publicitar bebidas alcóholicas.

3) Empleados flojos

Si usted profesa a Cristo, pero es mediocre o flojo en su trabajo, usted desacredita su testimonio ante su jefe y compañeros de trabajo. Esa es la razón por la que Pablo dijo: "Y todo lo que hagáis, hacedlo de corazón, como para el Señor" (Col. 3:23).

4) Alumnos deshonestos

Los alumnos que dicen ser cristianos, pero hacen trampa en los exámenes dañan la causa de Cristo. Es mejor reprobar que poner en ridículo a Cristo.

Si alguna vez ha tratado de hablarles a las personas sobre Cristo, solo para que ellos citen la hipocresía entre los cristianos como su razón para rechazar el evangelio, usted sabe lo devastador que puede ser un ejemplo negativo.

b. Algunos ejemplos positivos

1) 1 Pedro 2:15—"Porque esta es la voluntad de Dios: que haciendo bien, hagáis callar la ignorancia de los hombres insensatos".

2) 1 Pedro 3:16—"Teniendo buena conciencia, para que en lo que murmuran de vosotros como de malhechores, sean avergonzados los que calumnian vuestra buena conducta en Cristo".

3) 1 Pedro 3:1–2—"Mujeres, estad sujetas a vuestros maridos; para que también los que no creen a la palabra, sean ganados sin palabra por la conducta de sus esposas, considerando vuestra conducta casta y respetuosa".

Las esposas no deben intentar convertir a sus maridos no salvos al predicarles de manera áspera. No es posible hostigar a alguien para que entre al reino del cielo. Su testimonio más fuerte es su vida piadosa y actitud respetuosa.

2. Nuestro conocimiento de la Escritura

Es importante respaldar su testimonio con la Escritura para que aquellos a los que usted testifica escuchen una definición bíblica del cristianismo. Memorice versículos que usted quiera usar. Algunos buenos con los que puede comenzar son:

a. Juan 3:16—"Porque de tal manera amó Dios al mundo, que ha dado a su Hijo unigénito, para que todo aquel que en él cree, no se pierda, mas tenga vida eterna".

b. Romanos 3:23—"Todos pecaron, y están destituidos de la gloria de Dios".

c. Romanos 6:23—"La paga del pecado es muerte, mas la dádiva de Dios es vida eterna en Cristo Jesús Señor nuestro".

d. Romanos 10:9–10—"Si confesares con tu boca que Jesús es el Señor, y creyeres en tu corazón que Dios le levantó de los muertos, serás salvo. Porque con el corazón se cree para justicia, pero con la boca se confiesa para salvación".

e. Efesios 2:8–10—"Por gracia sois salvos por medio de la fe; y esto no de vosotros, pues es don de Dios; no por obras, para que nadie se gloríe. Porque somos hechura suya, creados en Cristo Jesús para buenas obras, las cuales Dios preparó de antemano para que anduviésemos en ellas".

3. Nuestra dependencia del Espíritu Santo

a. Su parte

Solo el Espíritu puede redimir a los pecadores. Jesús le dijo a Nicodemo: "El que no naciere de agua y del Espíritu, no puede entrar en el reino de Dios" (Jn. 3:5).

La obra salvadora del Espíritu es triple.

1) Iluminación

Él nos capacita para aceptar la Biblia como la Palabra de Dios. Primera de Corintios 2:14–15 dice: "El hombre natural no percibe las cosas que son del Espíritu de Dios, porque para él son locura, y no las puede entender, porque se han de discernir espiritualmente. En cambio el espiritual juzga todas las cosas".

2) Convicción

Jesús dijo que el Espíritu convencerá al mundo de pecado, de justicia y de juicio (Jn. 16:8).

3) Regeneración

Cuando Pablo predicó por primera vez en Filipos, "Lidia... estaba oyendo; y el Señor abrió el corazón de ella para que estuviese atenta a lo que Pablo decía" (Hch. 16:14).

b. Nuestra parte

Somos responsables de aprovechar toda oportunidad de testificar, para que el Espíritu pueda aplicar nuestro testimonio a esa situación. Algunas veces, la gente me pregunta si llego a decepcionarme porque más personas no vienen a la fe salvadora cuando predico o enseño. Mi respuesta es no, porque sé que esa es la obra del Espíritu, no la mía. Debemos estar disponibles para Él cuando Él quiera usar nuestro testimonio.

III. ALGUNOS MÉTODOS PARA TESTIFICAR

A. Prepare su testimonio

Recomiendo que escriba su testimonio para que pueda pensarlo y estructurarlo de la manera más clara y cuidadosa. Léalo y vuélvalo a leer con frecuencia para que siempre esté fresco en su mente.

Trate de estructurarlo de esta manera:

1. Cuente su pecaminosidad pasada

Comience con su propia pecaminosidad y el sentido de insatisfacción que el pecado generó en usted antes de conocer a Cristo. La mayoría de los incrédulos pueden identificarse con eso porque ellos también están insatisfechos. De hecho, ese es un problema serio en nuestra sociedad. La publicidad apela a eso al buscar crear más insatisfacción para que las personas piensen que necesitan algo más —o por lo menos diferente— de lo que ya tienen. Pero no importa cuánto tengan o no tengan las personas, solo

Dios puede dar satisfacción duradera.

2. Explique su conversión

   Cuente su arrepentimiento. Use partes específicas de la Escritura para establecer un cimiento bíblico para su experiencia y permita que la Escritura hable.

3. Explique los resultados de su conversión

   Explique la diferencia que Cristo ha hecho en su vida: cómo sus perspectivas y prioridades han cambiado, y cómo sus metas actuales difieren de las del pasado. Sea veraz y realista. Recuerde, Dios no nos ha prometido circunstancias perfectas, pero nos da la gracia para vivir para Su gloria en cualquier circunstancia.

4. Presente el evangelio

   Sea claro y conciso para que las personas entiendan los elementos clave del evangelio: la deidad de Cristo; la realidad del pecado; la muerte y la resurrección de Cristo; y la necesidad de la fe, arrepentimiento y obediencia al señorío de Cristo.

5. Cierre con una apelación

   Deles siempre a las personas una oportunidad de responder al evangelio. Aunque es posible que no respondan inmediatamente, debe dejarlos con un entendimiento claro del llamado del evangelio a arrepentirse y creer. Su apelación podría resonar en sus oídos por semanas, meses o incluso años antes de que el Espíritu Santo los traiga a salvación. Es necesario que sea claro y bíblico.

B. Familiarícese con literatura del evangelio

Una presentación del evangelio puede ser una herramienta útil para testificar. Hay muchas disponibles, tales como:

- *Alto: ¿Quién dices que soy Yo?* (folleto evangelístico)
- *Buenas nuevas* (libro)

C. Formule algunas preguntas

Presentar el evangelio en una plática requiere sensibilidad y tacto. Es útil tener algunas preguntas en mente para ese propósito.

1. Preguntas de muestra

   a. "¿Quién cree que es Jesucristo?".

   b. "Si usted muriera hoy y estuviera delante de Dios, ¿qué le respondería si Él le preguntara: '¿Por qué debo dejarle entrar en Mi cielo?'".

   c. "¿Podría decir con toda seguridad que si muriera hoy, usted iría al cielo?".

¿ES USTED UN TESTIGO FIEL?

Si usted tuviera un amigo que padece de una enfermedad mortal pero no lo sabe, usted le haría un gran favor al comunicarle su condición. Aunque sus noticias podrían ser difíciles de aceptar, le daría la oportunidad de enfrentar la verdad y hacer los preparativos necesarios.

De la misma manera, usted les hace un favor a las personas cuando les habla de la aflicción espiritual que sufren bajo el pecado y de sus consecuencias mortales y eternas. Ya sea que se arrepientan y reciban el perdón de Cristo o no, usted ha cumplido con su responsabilidad como amigo y testigo.

Jesús ilustró la urgencia de testificar en la parábola de la gran cena: "Vé por los caminos y por los vallados, y fuérzalos a entrar, para que se llene mi casa" (Lc. 14:23). Pablo dijo: "Os rogamos en nombre de Cristo: Reconciliaos con Dios" (2 Co. 5:20).

Pídale al Señor que le dé una oportunidad de compartir el evangelio con alguien hoy.

---

2. Conversaciones de muestra

   Un pastor le preguntó a una auxiliar de vuelo qué haría si repentinamente los motores fallaran y el avión chocara contra una montaña. Sorprendida, ella respondió: "Señor, ¿por qué hace una pregunta como esa?". Él dijo: "Bueno, solo me preguntaba qué haría usted si repentinamente estuviera a las puertas del cielo, cara a cara con Dios y Él le preguntara qué derecho tiene de entrar en el cielo. ¿Qué diría usted?".

Después de pensarlo un poco, la auxiliar de vuelo admitió que no sabía lo que ella diría. "Realmente debería pensarlo —dijo el pastor— porque si eso me pasara sería novedoso, pero para usted es un riesgo laboral". Él entonces la guió a Cristo.

En otra ocasión, el mismo pastor conoció una dama que estaba adivinando el futuro en una tienda. Él le preguntó si ella sabía dónde estaban los pañuelos clínex. Sorprendida por la pregunta, ella respondió: "Señor, no trabajo aquí; yo adivino el futuro. Va a tener que preguntarle a uno de los empleados de la tienda por el clínex".

Él respondió: "¿Cómo puede usted saber tanto del futuro si ni siquiera sabe en dónde están los clínex?".

Usted puede usar muchas maneras. Lo importante es tener unas cuantas preguntas en mente para ayudarle a dirigir la conversación hacia Cristo.

IV. EL SEGUIMIENTO DESPUÉS DE TESTIFICAR

Jesús dijo que debemos hacer discípulos de todas las naciones, enseñándoles que guarden todos Sus mandamientos (Mt. 28:19–20). Aunque no siempre podemos distinguir el trigo de la cizaña, cuando sea posible, usted debe discipular a los que evangelizó.

Los elementos clave en una relación de discipulado son:

A. **Demostrar amor**—Necesitan percibir su amor hacia ellos mediante su servicio sacrificial. Cristo se entregó a sí mismo en servicio por Su iglesia incluso hasta la muerte (Jn. 13:1–5) y el apóstol Pablo reflejó a Cristo entregándose al servicio de los que él llamó sus hijos espirituales (1 Co. 4:15).

B. **Poner el ejemplo**—Pablo pidió a los corintios que lo imitaran conforme él imitaba a Cristo (1 Co. 11:1). A medida que usted sigue viviendo como cristiano, invítelos para que puedan seguir su ejemplo.

C. **Enseñar la Palabra**—Su vida debe ser consistente con su enseñanza. Establezca tiempos con regularidad para enseñarles verdades de la Escritura.

D. **Enfocarse en hábitos nuevos**—Enséñeles a implementar las verdades de la Escritura que están aprendiendo. Adviértales en amor acerca de patrones de conducta que necesitan cambiar.

E. **Enfrentar el pecado**—También en amor, confronte cualquier decisión pecaminosa que ellos tomen.

Aliéntelos a confesar su pecado al Señor.

F. **Relacionarse con otros**—Si usted no puede discipular a alguien que ha evangelizado, consiga su nombre y dirección. Recomiéndele una iglesia local fiel, en donde recibirá enseñanza bíblica sólida y comunión cristiana. También le puede enviar recursos para estudiar, tales como libros y audio.

PREGUNTAS Y RESPUESTAS

1. ¿Cómo debemos responder a las personas que solo creen en ciertas partes de la Biblia?

Las personas que juzgan la Escritura seleccionando arbitrariamente lo que piensan que es o no revelación divina, en realidad están sustituyendo la Palabra de Dios por la palabra del hombre. La Escritura da testimonio de que es inspirada (2 Ti. 3:16; 2 P. 1:20–21) y advierte fuertemente contra añadir, quitar o distorsionar su contenido (2 P. 3:16; Ap. 22:18–19). Las personas que niegan la Escritura y propagan doctrinas falsas son apóstatas. Segunda de Juan 10–11 dice que debemos despedirlos sin darles la bienvenida. No debemos participar de sus malas obras. No obstante, si están abiertos a aprender de la inspiración y confiabilidad de la Biblia, los siguientes recursos serán útiles para ellos:

- *La defensa que Dios hace de la Escritura* (serie de audio de 2 lecciones)
- *Presentando una defensa para la Biblia* (serie de audio de 5 lecciones)
- *La última palabra* (libro)
- *El poder de la Palabra y cómo estudiarla* (libro)

2. ¿Qué acción sugeriría si le estoy testificando a alguien que está bajo los efectos del alcohol o de las drogas?

Sugiero que trate de hablar con la persona. A veces, incluso en medio de condiciones como esas, hay una conciencia de la verdad. Asegúrese de dar seguimiento volviendo a hablar con esa persona cuando esté sobria.

3. ¿Qué hay acerca de mujeres testificando a hombres y viceversa?

Aquila y Priscila, que eran marido y mujer, expusieron "más exactamente el camino de Dios" a Apolos (Hch. 18:26). En otras partes del Nuevo Testamento, hombres como Jesús mismo, los discípulos y Pablo testificaron a mujeres. No veo problema alguno con testificarle a un miembro del sexo opuesto si Dios le da la oportunidad, y si se mantiene la discreción y la rendición de cuentas.

4. ¿Cuál es la mejor manera de amonestar a las personas y todavía estar seguros de que el Espíritu Santo está haciendo la obra? ¿Qué lugar tiene la disciplina en la iglesia?

En primer lugar, amonéstelos bíblicamente; el Espíritu habla mediante la Palabra. Señale la desobediencia al leerles las partes apropiadas de la Escritura y amonéstelos a arrepentirse. El Espíritu usará la Palabra para convencerlos de pecado.

En segundo lugar, amonéstelos amorosamente. Segunda de Tesalonicenses 3:15 dice: "Amonestadle como a hermano". Gálatas 6:1 dice: "Si alguno fuere sorprendido en alguna falta, vosotros que sois espirituales, restauradle con espíritu de mansedumbre, considerándote a ti mismo, no sea que tú también seas tentado".

Si rehúsan cambiar, debe comenzar el proceso de disciplina en la iglesia. En última instancia, eso podría llevar a un aislamiento de la comunión (Mt. 18:17; 1

Co. 5:11–12; 2 Ts. 3:6, 14), pero la meta de la disciplina es la restauración, no el aislamiento.

5. **¿Qué debo hacer si la persona a la que estoy amonestando dice que no ha sido convencida por el Espíritu Santo y que no va a cambiar hasta que sea convencida?**

El Espíritu convence de pecado (Jn. 16:8), pero lo hace mediante la Palabra (He. 4:12). Por lo tanto, usted debe mostrarle a la persona dónde en la Escritura su conducta es denunciada como equivocada. Es posible que la persona no entienda plenamente por qué está mal, pero de cualquier manera debe aprender a obedecer la Palabra y comenzar a resistir la tentación en la fortaleza del Espíritu.

6. **¿Qué le dice a alguien que se esfuerza demasiado por ser amigo de personas mundanas para "ganarlos para Cristo"?**

El Salmo 1:1 dice: "Bienaventurado el varón que no anduvo en consejo de malos, ni estuvo en camino de pecadores, ni en silla de escarnecedores se ha sentado". Debe ser amable con los incrédulos y no evitarlos, pero no debe adoptar el estilo de vida de ellos para tratar de ganarlos. Recuerde, es el Espíritu el que redime a las personas. Su responsabilidad consiste en hablarles de Cristo y mostrar credibilidad en su testimonio mediante una vida piadosa.

7. ¿Qué debo hacer si soy perseguido en el trabajo, especialmente por mis superiores, porque soy cristiano?

Primera de Pedro 2:23 dice: "Quien [Jesús] cuando le maldecían, no respondía con maldición; cuando padecía, no amenazaba, sino enconmendaba la causa al que juzga justamente". Pedro también dijo: "Si sois vituperados por el nombre de Cristo, sois bienaventurados, porque el glorioso Espíritu de Dios reposa sobre vosotros" (1 P. 4:14). Mostrar un espíritu manso y apacible durante la persecución trae gloria a Dios (1 P. 4:16).

8. Una de las claves para testificar es un conocimiento detallado de la Escritura, pero ¿cuánto debemos estudiar otras cosas, tales como tendencias actuales en nuestra sociedad, para entender mejor las perspectivas de otros?

Creo que es bueno leer acerca de lo que está pasando en el mundo para poder entender cómo piensan y perciben las personas diferentes asuntos. Eso puede ser muy útil al momento de testificar. Pero lo primordial es conocer la Escritura para poder introducir la perspectiva de Dios en una conversación. El Espíritu hará la aplicación.

ENFOCÁNDOSE EN LOS HECHOS

1. ¿Cuáles son los tres aspectos de testificar que Juan menciona en 1 Juan 1:1?

2. La credibilidad de su testimonio está directamente relacionada con su ________.

3. ¿Qué mandato dio Jesús a los discípulos en Mateo 28:19–20?

4. ¿Qué analogía usa Jesús en Mateo 5:14–16 para describir a los creyentes?

5. ¿Cómo hace el Espíritu Santo que los cristianos sean competentes para testificar?

6. ¿Es su testimonio acerca de Cristo afectado de alguna manera por el testimonio corporativo de su iglesia? Explique.

7. ¿Cómo describe Jesús a los líderes religiosos judíos en Mateo 23:2–3?

8. ¿Cómo debe responder un cristiano cuando está siendo perseguido por causa de la justicia (1 P. 3:16)?

9. ¿Cuál es la mejor manera en la que una esposa puede testificarle a su marido no salvo (1 P. 3:1)?

10. Cite algunas Escrituras que podría memorizar para ayudar a explicar el evangelio a un incrédulo.

11. Identifique cinco elementos de un testimonio personal.

12. ¿Cuáles son algunos elementos clave en una relación de discipulado?

PONDERANDO LOS PRINCIPIOS

1. Se ha dicho correctamente que las acciones hablan más fuerte que las palabras. Eso es especialmente cierto de nuestro testimonio de Cristo. Es más probable que las personas nos escuchen si somos íntegros. Entonces, ¿cómo está usted? ¿Hay una actitud o patrón de conducta en su vida que podría afectar su testimonio? Si es así, ¿está dispuesto a cambiarla? Confiésela al Señor y pídale que lo proteja de la hipocresía por causa de Su nombre. Encuentre un hermano o hermana en Cristo que ore con usted y le haga rendir cuentas para los cambios que necesite hacer.

2. Hemos visto la importancia de tener un testimonio claro y conciso. ¿Ha pensado detenidamente en el suyo? Si no es así, repase las sugerencias anteriores y comience a trabajar en eso. Después, pídale al Espíritu Santo que le conceda a alguien con quien compartirlo.